Librete de Muestra

Librete de Muestra

Anticipo de la Serie
"Reflexiones aforísticas y evomoralizantes".

MASURIEL

Número de Control de la Biblioteca del Congreso de EE. UU.:   2011915677
ISBN: Tapa Dura   978-1-4633-0902-2
                   Tapa Blanda   978-1-4633-0901-5
                   Libro Electrónico   978-1-4633-0900-8

Este Libro fue impreso en los Estados Unidos de América.

Para pedidos de copias adicionales de este libro, por favor contacte con:
Palibrio
1663 Liberty Drive
Suite 200
Bloomington, IN 47403
Llamadas desde los EE.UU. 877.407.5847
Llamadas internacionales +1.812.671.9757
Fax: +1.812.355.1576
ventas@palibrio.com
362136

INdice

Prólogo

Éste mi primer Libro de esta Serie que titulo:*"LIBRETE DE MUESTRA. Anticipo de la Serie Reflexiones aforísticas y evomoralizantes"*, no era sino uno de los muchos que yo tenía preparados para saltar al ruedo en cuanto tuviera una oportunidad como la que en su día tuvo "El Platanito", y por fin me ha llegado esa oportunidad, gracias a quienes por amor me han asistido con los gastos, y gracias a "Palibrio", esa curiosa y sorprendente editorial que localicé por la Internet, con sede en Bloomington, Indiana, EE.UU., y que plena de atentísimos profesionales. Será, pues, un anticipo de presentación de una Serie que iba y va destinada a ese ¡tanto! público inconformista y desencantado que aún queda suelto por ahí. Y que escrita toda en Español, en el viejo Idioma que nos une a todos los españoles entre nosotros, que nos une a todos los españoles con todos los hermanos de América que se incorporaron a él por la altruista, casual o interesada iniciativa de nuestros tatarabuelos, y a todos los ciudadanos del Mundo que lo escogen por su riqueza y su versatilidad.

Que yo podría haberme salido ahora con una cualquiera de las tesis doctorales que tengo escritas; o con el desarrollo de la doctrina religioso filosófico-moral que también tengo ya en borrador; o con uno de los tantos estudios sobre animales y plantas exóticos de ésos que te los paga la Generalitat de Cataluña ¡a tocateja!, y de los que también tengo, ¡no vean cuantos!; o con un libro de investigación sobre la ectoplastia espermática que también tengo hecho..., ¡pero no!: hoy he preferido esta fórmula más sencillita. Y este Libro, el de presentación de la Serie, como todos los de hasta ahora, no será sino uno más de diversión, de evasión, de distracción, de entretenimiento. Casi todo. Y como casi todos los que yo hago. Porque pienso que ya está la vida lo suficientemente aburrida y lo suficientemente llena de problemas como para que ahora me saliera yo con un tema denso y de proyecciones trascendentales, ¡sólo nos faltaría eso!

Y mi *"Librete de muestra"* estará compuesto por temas sustraídos al azar de los que iban incluidos, en principio, en los libros de ésta, mi extensa Serie, y que algún día también, si Dios lo sigue queriendo y rodeándome de gente buena, verán la luz. Sin más guión ni trama argumental que la simple exposición de temas e ideas espontáneas propios míos y de otras personas. Todos con su principio y su final propios, y escritos en versos octosílabos muy cortitos y muy fáciles de leer y de recitar por cualquier adulto bien formado que tenga, siquiera, una carrerita: Abogado, Sociólogo, Restaurador -antes mal llamado "cocinero"-, Diseñador de ropa -antes mal llamado "sastre"-, Psicólogo, Egiptólogo, Pinchadiscos, Radiotelegrafista naval..., y todos hábilmente entrelazados por una rima juguetona y libérrima supeditada siempre al contenido esencial, que, para mí, es lo más importante, pues que la excesiva ortodoxia literaria y el enrolle conceptual, la verdad, no se me antojan nada prácticos.

Bueno, y una recomendación que siempre hago a los que sin duda se convertirán en mis incondicionales después de empezarlo: léase este libro con calma, que éste es un libro, ya digo, en versos, y los versos hay que leerlos despacito, saboreándolos, disfrutándolos... Ya verán que en mis versos tan sólo alguna pequeña ironía, algún sutil sarcasmo, alguna ingenua irreverencia, alguna fugaz licencia sobre algún personaje público, alguna suplantación teórica de otra persona, la teatralización de algún chiste un poco atrevidillo... Pero, eso sí: ¡siempre!, ¡todo, todo! en un estilo limpito y desenfadado, y ¡todo, todo! siempre desde la mayor lealtad hacia las buenas costumbres. Nunca la menor intención de ofender ni de molestar a nadie. Que, repito, cuando me pongo a escribir, tan sólo me anima siempre el leal deseo de hacer pasar un rato divertido a quienes tengan el gusto de leérselos, mis versos. Y no hay más. Y vayan mis disculpas, no obstante, por delante, por si alguien llegara a sentirse contrariado o molesto con alguna de mis bromas: perdóneme, pues nunca habrá sido mi deseo el de ofenderle.

¡Ah!, y también otra cosa respecto a la estructura de éste *"Librete de muestra"*: los temas irán escalonados uno detrás del otro, simplemente, por estricto orden alfabético, el orden más lógico e imparcial, y numerados uno a continuación del otro para ser localizados más fácilmente por aquél que quiera localizarlos, o aquélla que lo quiera; así de sencillo.

Y ya no me extiendo más en este breve auto-prólogo. Baste con estos mínimos apuntes. Lo importante es que todo el sagaz comprador/a, y ahora lector/a, de éste, mi Libro de presentación de esta nueva Serie pueda satisfacer de inmediato sus lógicas expectativas y acallar cuanto antes su inquietud por continuar conociéndome, pasando páginas y páginas. Esta sesentena de temas escogidos al puro azar, repito, que tan sólo tienen la pretensión de hacer pasar un ratito agradable y distendido a aquél, o aquélla, que los lea. ¡No! para que se revuelque de risa, y se haga daño con alguna china -piedra del suelo- pues eso no sería del todo saludable, sino para que ahora pueda comprobar que ¡¡sí!! hay otra manera de ver las cosas que ocurren a nuestro alrededor, y ¡¡sí!! hay otra manera de reaccionar. Las cosas cotidianas y los acontecimientos espontáneos, que yo me dedico, precisamente, a ponerlos en papel, buscando un poquito la provocación y un poquito la sonrisa. Que ya, bastantes problemas tenemos por culpa casi todos ellos de ése incompetente de… Bueno, mejor, me callo. Que ¡menudo está el ambiente! Como para que yo ahora me pusiera a sacar mi lado rabioso. Que también lo tengo. ¡Menudo está, hoy día, el ambiente! Y ¡anda, que en el Inem…!, en donde yo trabajo…, bueno, en donde yo estoy…

Pues, en fin; esto es lo que quería y tenía que decir. Bueno, esto, y expresarle mi agradecimiento a los hombres y mujeres que me van a ayudar a hacerme popular y famoso y, de paso, multimillonario. ¡Muchísimas gracias! a usted, mi querido amigo o amiga, de todo corazón, por acunar hoy en sus manos a este otro de mis hijitos,
y ya suyo.

El autor

¡El amor no tiene edad!
Edad máxima, quiero decir.
Ni sé los años que hace que escuché el siguiente relato,
y con el que hoy quiero arrancar esta nueva aventura; por lo
simpático que es, y para empezar mi **Librete** con alegría.
Cuando lo escribí, yo me ponía en la piel de quien vivió en primera
persona, y en su día, la historia.

¿A DÓNDE VAS CON ESA JACA?

El hombre, a sus casi ochenta,
y estaba más que enchochado.

Se había echado una novia,
y estaba ¡¡que se salía!!,
¡¡feliz!!, ¡¡loco de contento!!,
¡¡eufórico!!, ¡¡entusiasmado!!

No le faltaba un detalle,
ni había gesto que no hiciera
por su novia queridísima.

Pero allí había una cosa
que no encontraba el encuadre,
y es que la novia tenía,
recién cumplidos, treinta años.

Es decir, que medio siglo
de diferencia entre ambos.

Ella treinta; él, casi ochenta.

No parecía, pues, muy lógico
el repentino noviazgo,
y así se lo hacían saber
los amigos jubiletas
al pimpollo enamorado.

-   Pero, hombre, Bartolomé,
    ¿no te das cuenta que a ti
    no te pega esa muchacha…?,
    ¡si podría ser tu nieta…!

    Si tú, ya en la pitopausia…,

¿cómo vas a estar con ésa...?,
¿no ves que tú ya no puedes...?,
¿no ves que ella una pollita...?,
¿no ves que tú un viejarranco...?

Y añadían, ya con maldad:

¡Que te va a poner los cuernos,
Bartolo...!, ¡¡que te los pone...!!

De todos estos consejos,
él, ¡ni puñetero caso!

-   ¡Que no!, ¡que no!, que la quiero...,
    y que me caso con ella.

Y los demás, insistiéndole:

-   Pero, hombre, por Dios, Bartolo...,
    ¿no ves que es por tu dinero...?,
    ¿que esa charrana te acepta
    sólo porque estás forrado...?

    Si tú no podrás servirla...,
    si ya no estás pa esos trotes...

    En cuanto te des la vuelta,
    ¡¡fijo!!: ¡te pone los cuernos!

-   ¡¡Que no!!, ¡¡que no!!, que me caso,
    me caso con esa chica,
    ¡que está más buena que el pan!,
    ¡¡me caso y me caso, ea!!

-   ¡Mira que eres insensato,
    Bartolo!, ¡mira que lo eres!

Lo que a ti ahora te conviene,
una mujer ya madura...,
una señora tranquila...,
sosegada..., talentosa...,
que te haga compañía...:
una mujer de tu edad...,
eso es lo que te conviene
y es para ti lo adecuado.

- ¡¡Que no, que no, que no y no!!,
¡¡una y cien mil veces no!!,

¡¡que me caso!!, ¡¡y que me caso!!
con esa chica, ¡¡y ya está!!

Que yo quiero una chavala,
¡¡que yo no quiero una vieja!!

- Pero..., ¡que te va a poner
los cuernos, hombre...!, ¡¡¡seguro!!!,
¡que te los pone, Bartolo...!

- ¡Pues bueno!, ¡pues me da igual!:
¡más vale un pastel pa muchos,
que una mierda pa uno solo!

        ...

¡Y, nada!: ¡que se casó!

Y, efectivamente, fue
cumpliéndose paso a paso
todo lo que sus amigos
le advirtieron por su bien.

O porque muertos de rabia,
o porque muertos de envidia,
o porque muertos de celos,
o porque muertos de asco.

¡Cumpliéndose uno por uno!

Ahora: lo único que sé,
que con aquel ¡cacho jaca!,
¡vamos!, no bien, no: ¡¡¡de fábula!!!

Lo pasé, y lo estoy pasando.

Masuriel

Y el siguiente, un tema en recuerdo y humilde
homenaje al ocurrentísimo y agudísimo
Don Luis Sánchez Polac ("Tip"),
a quien yo ¡¡tanto !! admiré.

Tratando de hacer yo una modestísima imitación
de su magistral estilo esperpéntico y disparatado
escribí una semblanza de la vida de un gran
político español contemporáneo, don José Blanco,
quien ha llegado, por cierto, a las más altas cotas
en la política, como todos sabemos. Gallego todo él,
por cierto, ¡y a mucha honra!, él lo dice.

Pues yo recuerdo que el inolvidable "Tip" contaba de
manera genial la vida y obras de personajes que él se
sacaba de su imaginación desbordante,
y coronábalo siempre con la coletilla:

"¡Santo varón!".

A LA MEMORIA DE "TIP".

- ¡Pepiño…!: ¡atiéndeme, mira…!,
  voy a hacerte una pregunta
  muy corta y muy facilita,
  ya que es sábado, y es fiesta.

  A ver, Pepiño: ¿tú sabes
  cuánto suman dos más dos?

Pepiño mira hacia arriba…,
sopla, y empieza a pasarse
la mano por la cabeza…,
y ya, el martes por la tarde:

- ¿Podría darme una ayudita…?

- Bueno…, te la doy, Pepiño:
  pues el resultado está…
  debajo de lo que es cinco
  y encima de lo que es tres.

Y el jueves al mediodía,
ya da la respuesta:

- ¿Cuatro…?

Lo dice dudando un poco,
pero, es lo importante: ¡acierta!

Sólo tenía quince añitos
Pepiño, ¡¡criaturita!!

Y esto sólo es una anécdota
del Pepiño, cuando niño.

Pepiño siguió comiendo
y bebiendo agua anecdótica,
y, aunque poquito, creciendo.

Y, sobre todo, adquiriendo
un gran bagaje en la vida.

Estuvo en Espinaredo,
empaquetando adoquines
en una tienda de cinchas…,

y, en Valdeoviño, seis meses
de un verano, acarreando
sacos de patatas frígidas…,

y en Malpica otros seis meses
vigilando berberechos
para que no hubieran riñas…,

y amarrando correajes
y haciendo nudos eclécticos
en un kiosco de Mieres…,

y otros diversos quehaceres,
y otras diversas "cosiñas…".

Y a los treinta y ocho años
leyó las tapas de un libro
de primero de Derecho…

Y ya aprendió qué es la chicha,
y ya aprendió él a mojar
en las yemas de los huevos
sopas de pan del día de antes…,
y a beberse el salmorejo…

Que, en ese tiempo, él ya había
lanzado su trayectoria,
y era imparable su euforia,
y ¡hacia la gloria!, que él iba.

¡¡Seguro!! que hasta Ministro.

Que lo fue, ¡sí, sí!, por cierto,
y mucho más que Ministro
lo fue, ¡sí, sí, sí!, ¡lo fue!

¡Culpa de uno del PP!

"¡¡Santo varón!!", aquel mélico
que luchó tanto en la vida
por culpa del Juez Garzón,
"¡¡santo varón!!", aquel píndalo,
que prefirió el flan sin hueso,
el palo sin pirulí,
los leotardos de una pierna,
el caldo de casquería,

y que descubrió, ¡¡él solito!!,
que si un huevo de abubilla
se tira desde un balcón,
generalmente va al suelo:
"¡¡santo varón!!", "¡¡santo varón!!".

Cuando, al fin, muera, las prímulas,
enjugando en sus enaguas
sus lágrimas filantrópicas
a las orillas del Miño,
dirán: ¡¡pues ya la palmó!!".

Y las cástulas monjitas:
"¡¡¡aleluya!!!, ya ha palmao
el manilargo Pepiño".

"¡¡Santo varón!!", ¡qué alegría!,
¡la madre que lo parió!

Ni marrón, ni azul, ni rojo,
ni verde de rana estrábica,
ni amarillo de sangría…:
"¡¡santo varón!!!, "¡¡santo varón!!",
"¡¡santo varón!!", el Pepiño.

Y eso: ¡¡y con sólo tres ojos!!

¡Y en Lugo miró una fábrica!

¡Ah!, y la Anita Obregón…,
¡¡daba unas coces, la tía…!!

Masuriel

Y el siguiente relato también hará lo menos
treinta años que lo escuché; treinta o más.
Y yo lo tenía también, como tantos otros,
anotado por ahí.
Y ahora ha sido para mí un placer rescatarlo.

Y dedicárselo hoy a Montserrat Peig, mi leal
y querida compañera de trabajo, quien en eso
de tratar al público -de lo que irá el tema-
¡¡tiene acreditada una paciencia…!!
Y anda que Luisa López…, su inseparable
compañera…, ésa, ¡otra que también le echa
una pachorra…!

Bueno, pues éste, mejor, se lo dedico a las dos.
Con todo mi afecto.

ALTERNTIVA PERFECTA.

Pues dicen que había un fulano
que se llegó a preguntar
en una carnicería:

- ¡Perdón!: ¿no tendrán ustedes
  aquí una picha de toro?

- ¿De toro…?, pues no señor,
  no tenemos, no señor.

  Es que, de toro, aquí, poco;
  lo nuestro es más la ternera,
  de toro, ¡no, no!, ¡muy poca!

Al día siguiente, otra vez:

- ¡Perdón!: ¿no tendrán ustedes
  aquí una picha de toro?

- ¡Pues no!: es que aquí no vendemos
  carne de toro: ¡de vaca!,
  ¡aquí vendemos de vaca!
  De toro…, muy, muy, ¡muy poca!

Y al día siguiente, otra vez:

- ¡Perdón!: ¿no tendrán ustedes
  aquí una picha de toro?

- ¡Oiga!, ¡a ver!, ¡vamos a ver!,
  -la dependienta, ya, seria,
  y ya un gesto feo en la boca-

¡vamos a ver!: ¿no le he dicho
que aquí, de carne de toro,
prácticamente aquí, ¡¡nunca…!!?,
¿acaso no se lo he dicho…?:

aquí, ¡de vaca!: ¡¡de vaca!!

Y, por cierto, ¡a ver!, por cierto:
¿y para qué quiere usted
eso: ¡una picha de toro!?

-   Pues…, perdóneme, señora…,
    pues es que, mire, señora…,
    yo busco precisamente
    eso, una picha de toro,
    porque es que yo quiero hacerme
    con ella…, pues… ¡una flauta!

-   ¿Una flauta?: ¡hombre, por Dios!,
    ¿y por eso esa obsesión
    que raya casi en lo histriónica…?

    ¡Pero, hombre, hubiéralo dicho…!,

    que, pichas de toro, ¡¡ni una!!,

    pero…, ¡aquí tiene!, ¡aquí tiene!,

    ¡téngalo!: un chocho de vaca…,

    ¡¡y se hace usted una armónica!!

                                        Masuriel

Creo que merecerá la pena volver a traer a la memoria un hecho que la línea oficial se empeñó pertinazmente en borrar del mapa: los trapicheos descubiertos y aireados valientemente por "La Gaceta" e "Intereconomía", y que afectaban -y afectan, pues que aún en la incógnita muchos detalles- a un político muy locuaz él, y muy simpático él, y muy ocurrente él.

¡Y manchego todo él!, por más señas.

¡¡Y "progresista", claro!!

AVENTURA EN EL HIPÓDROMO.

En el restaurante estaban
almorzando ya, y contándose
sus andanzas apoteósicas
ahora ya, los dos fulanos,
y dice el primero de ellos:

- ¡Pues, mira tú!: esta mañana,
  a este hipódromo del Bono
  por venirme se me ha dado
  y, bueno, pues llego aquí
  y empiezo a darme un garbeo
  por los porches y las cuadras…,
  los váteres…, los jardines…,
  para ver este tinglado…,

  y luego salgo a la pista…,
  pues que parecía que iba
  a empezar una carrera
  con sus apuestas y todo…,

  y, ¡de pronto!, sobre mí
  se monta un tío medio enano,
  con su traje, con su gorra,
  con sus guantes, con sus gafas
  de sol, y en la mano un látigo…,
  y empieza, el tío, a pegarme
  taconazos en el culo…,
  latigazos en el lomo…,
  y ¡venga leña y más leña…!,
  y a gritarme: "¡¡¡vamos!!!, ¡¡¡vamos…!!!".

- ¡Joder!, ¡qué cosa tan fuerte!,
  en este lugar tan serio…,
  ¡vaya papelón!, el tuyo…
  Y, entonces, ¿qué hiciste, Fede?

Le inquiere el otro, cortándolo.
Y, el Fede, como sintiéndolo
y lamentándolo, dice:

-   ¡Lo que pude!: ¡¡llegué el cuarto!!

                ...

Los que son más maliciosos
ya se estarán preguntando:

"¿Y el pequeñajo del fuste...,
no sería el propio dueño
del hipódromo, o sea, el Bono...?,

¿o no sería 'su chico...'?".

Pues, ¡no, no!, pues yo lo digo:
no fueron ninguno de ellos,
que los dos en la taquilla,
y las entradas cobrando.

Ni el jinete pequeñito
era su mujer tampoco
-la del Bono me refiero-,
que marcaba un paquetón
en la entrepierna ¡de escándalo!,
no era ella, ¡no, no, no!:
¡era un tío, sí, sí, era un tío!

Medio ciego, pero ¡un tío!

Y no sean más maliciosos:
¡tampoco era el Arguiñano!

¿Que por qué estoy tan seguro
de lo que digo...?, ¿por qué...?:

¡porque yo estaba allí mismo!,

porque yo ¡¡sí!! era un caballo.

Y llegué, por cierto, el quinto;
detrás del de la aventura.

¡También lo que pude, vamos!

Masuriel

Afortunadamente, aún queda gente ingenua por ahí.

Aunque conste que a mí eso me da lo mismo.

¡BENDITA INOCENCIA!

Iba andando por el bosque,
tranquilito…, relajado…

"¡Vaya, una lata -se dice-,
ya ha venido aquí algún guarro!".

Indignado, ¡un puntapié!

La lata sale volando
y cae detrás de unas matas.

Y de allí surge, ¡¡de súbito!!,
un hombretón corpulento,
la cara de enrabietado,
el cinto colgado al cuello,
y, el pantalón, sujetándoselo…,

mirando amenazador
al que había catapultado
el proyectil fortuito
que habíale importunado…

Y al verle, el paseante
le dice, un tanto asustado:

"¡Oh, perdón…!:   ¿qué eres…, un genio…?".

Y, el otro, algo estupefacto:

"¿Un genio…?,   (*pausa, tensión*)

¡sí, sí…!, soy un genio…: ¡¡exacto!!,
y, como tal, te concedo
tres deseos ahora mismo.

¡Venga!, pídeme ahora mismo
tres deseos, que te complazco".

Se queda mudito el hombre,
el de la lata, y rumiándoselo.
Y antes de que concretara
los sus tres deseos tácitos,
vuelve a hablar el hombretón
con su sonsonete ácido:

"Bueno…, antes de los deseos,
algo previo e incuestionado:
yo a ti te tengo que hacer,
como acto protocolario,
una guarrería española
que en ciertos momentos álgidos,
con pericia y diligencia,
obramos los genios cálidos".

El hombre queda aturdido,
sorprendido, azorado.

Mas, temiendo la violencia
del tipo malencarado,
accede a su petición:
se echa abajo el pantalón,
y asimila el acto inhóspito
de anticipo a los regalos.

Estando en humillación,
del corpulento debajo,
y ya pasada hora y media,
aquél le inquiere:

- ¡Oye, majo…!,
  ¿cómo dices que te llamas…?

- Quique Gutiérrez Zancajo.

- Quique…, ¿y cuántos años tienes?

- Cuarenta y pico…, ¿por qué?,
  -dice, la testuz girando-.

- ¡A ver!, ¿cómo te lo digo…,
  Quique…, sin ser muy sarcástico…?:

  ¿y con cuarenta años, Quique…,
  tú aún te sigues tragando…
  lo del genio de la lámpara
  y los tres deseos fantásticos…?

Masuriel

"**Las Señales de tráfico en catalán, una baza segura para burlar las multas.**

El Ayuntamiento de Barcelona prefiere no cobrar las sanciones de tráfico recurridas por motivos lingüísticos, a rotular las señales en castellano.

ESTHER ARMONA | BARCELONA

Esquivar una multa en Cataluña resulta relativamente sencillo, sobre todo si el motivo de la sanción es un mal estacionamiento…

…recurrir la penalización arguyendo el incumplimiento de los artículos 56 y 138 de la Ley sobre Tráfico, Circulación de Vehículos a Motor y Seguridad Vial, relativos al idioma de las señales. Ambos apartados normativos obligan a que 'las indicaciones escritas de las señales de tráfico se expresen al menos en el idioma oficial del Estado'.

El Ayuntamiento incumple conscientemente esta normativa estatal en pro de la causa lingüística…".

(Diario ABC, 07/12/2009)

CASI TODO POR LA PATRIA.

Lo mío no es fijación;
de verdad que no lo es:
es, sencillamente, pasmo.

¡Pasmo!, es lo que me produce
ver la ¡¡tanta!! obcecación
de la gente de esta tierra,
de esta tierra en la que vivo.
Quiero decir, la Región
de España que es Cataluña.

Y, de gente, me refiero
no a toda, claro, no a toda;
sería una exageración.

Me refiero únicamente
a la gente obsesionada
con poner al Catalán
delante del Español.

Como si eso fuera fácil,
después de más de mil años
de ventaja de uno al otro.

Delante, no: ¡eliminarlo!
directamente, ¡cargárselo!

Al Español, me refiero.
Directamente ¡cargárselo!

Ésa, su única obsesión.

De esa gente acomplejada,
e ignorante, y traidora,
y aborregada…, ¡¡¡y cobarde!!!

¡¡Y fanáticos podridos!!

Y yo, como siempre hago,
voy a aportar un ejemplo
contundente, concluyente,
patente y explicativo
de esta absurda situación.

Hoy, que siete de Diciembre
del Dos mil Nueve, ¡hoy mismito!,
lo traía el "ABC".

Lo he traspasado al principio,
en algunos de sus párrafos,
con la autora del artículo;
que las hay ¡con dos cojones!

Y, en éste, pues hoy se cuenta
que un fulano, en plan guasón,
refiere que él -¡vaya perla!,
tiene la sana costumbre
de tomarse él el café
con leche mientras que lee
concienzudamente las
normas de circulación-
pues él, como se las lee,
pues se dio cuenta que dicen
en unos de sus artículos
que la señalización
en la vía pública, ¡toda!,
obligado es que figure
en idioma Castellano,
y, además, si así se quiere,
en el otro oficial
que haya en la Comunidad.

Castellano, ¡obligatorio!

¡Pues ya está!: ¡¡la solución!!

El tío comenta, choteándose,
que encontró la solución:
las muchas multas que él pilla
en Barcelona, de tráfico,
por aparcar malamente,
-¡porque aquí no hay dios que aparque!-,
las recurre, ¡sistemático!,

con la sola alegación
de que estaba en Catalán
lo de la prohibición
de aparcar en aquel sitio,
y, ¡claro!, eso es ilegal.

Lo dice en varios artículos
de la propia Ley, ¡lo dice!

Por tanto, ¡fuera la multa!,
no procede la sanción,
no está puesto en Castellano,
que es como debe estar puesto.

Pues lleva unas cuantas ya
recurridas, y ganándolas,
según cuenta ese señor
que esa señora entrevista.

Y el Ayuntamiento ¡traga!,
pues no les queda otra opción
que dejarlas sin efecto:
si ellos no cumplen la Ley…

Y éste que digo un guasón,
¡¡¡este señor!!!, pues comenta

que al principio él no quería
hablar mucho de este asunto
para no hacer sangre y eso…,
pero viendo la deriva
de toda esta gran locura…,
y oyéndose la conciencia…,

primero se fue a su hermano…,

luego se fue a otros amigos…,

y ya, viendo ya el follón
que acaece en Barcelona
por ésta y por ¡¡¡tantas!!! cosas…,
ya, ¡ni reservas ni hostias!,
ya se ha ido al "ABC"
a contarlo sin reservas.

Para que todos lo sepan
y se hagan su reflexión
personal y en conciencia.

Y así, ¿pagar multas?: ¡¡pocas!!
En Barcelona, ¡¡muy pocas!!
¡¡Muy pocos!!, los que las pagan.
Los pardillos, la excepción.

¡Ah!, y los nacionalistas,
que ellos son muy solidarios,
y les gusta que los multen,
y colaborar pagando
la toda esta farsa estúpida.

Si la señalización
sólo está en Catalán,
en Barcelona, las multas,
¡¡muy pocas!! tienen sentido.

Las de Tráfico, ¡¡ninguna!!
Ya han surgido como setas
las gestorías que se encargan,
y, casi exclusivamente,
recursos a mogollón.

Porque es así de sencillo.
Y en el "ABC" lo explican.

Que lo sepa todo el mundo:
aparcar en zona azul,
que es el atraco oficial
más grosero y más ruin,
¡cobrar la calle dos veces!,

o aparcar en carga-descarga,
o en reserva a minusválidos,
o en reserva a espectáculos…,

si está sólo en Catalán
si la dicha prohibición
¡está sólo en Catalán!,
pues, ¡hala!, allí, sin cortarse,
allí se puede aparcar
sin la menor restricción:
¡aparquen, sí, sí, aparquen!

Que si te ponen la multa,
-y en Catalán, ¡¡¡claro, claro!!!-,
la recurres, simplemente
diciendo que es ilegal
de fondo, y, ¡hala, a quitártela!,
pues no les queda otra opción.

Que en el fondo son ¡¡cobardes!!
Se aprovechan, ¡¡los cobardes!!,
de los pobres perezosos
y de los pobres pardillos.

Pues ésta era la noticia
que hoy traía el "ABC",
basada en el testimonio
de un ciudadano valiente
y más listo que el Copón.

Que aquí no todos son burros
o borregos, o avestruces.
Aquí, digo, en Barcelona.

Ni aquí todos son chupópteros
colgados del biberón
del tres por ciento y todo eso.

Aquí, algún honesto aún queda,
-y alguna honesta valiente,
como la Señora Esther-,
pero aún queda alguno, es cierto,
¡¡¡todo!!!, aún no está perdido.

Frente a esta sinrazón
de cínicos y corruptos
que pretenden someternos,
¡todo dios! no está rendido.

Por lo menos, con las multas.

¿Pagarles?: ¡¡¡ni una!!!, ¡¡¡ni media!!!

Y, en el peor de los casos,
pues la manta a la cabeza,
y echar mano al Juez Garzón.

                                        Masuriel

7

La desconsideración hacia los semejantes,
especialmente si los semejantes son niños,
es ya una muy mala señal, ¡una muy mala señal!
de degeneración de la raza humana.

A continuación, un cambio de rumbo: ahora,
una crónica real de la vida de una familia real,
y una reflexión puntual al hilo de la misma.

COLILLAS EN EL PARQUE INFANTIL.

Yo estoy teniendo la suerte...

Empiezo otra vez la frase:

Mi mujer y yo lo estamos
teniendo los dos la suerte
de estar criando y mimando
a nuestra adorada nieta,
a nuestra adorable Diana.
Bueno, ayudando a sus padres.

O sea, mi mujer y yo,
o sea, su abuelo y su abuela,
les echamos una mano.

Como trabajan los dos,
-¡qué otro remedio, los jóvenes,
en estos dichosos tiempos!-,
de la mañana a la noche
nosotros se la cuidamos.

Y hasta duermen con nosotros
muchos días, en nuestra casa.

Y a nuestra reina le estamos
dando, aparte del cariño
más sincero que nos cabe,
aquellas primeras pautas
de comportamiento y modos
que todo niño precisa.
O lo estamos intentando.

La otra tarde, la llevamos
a un parquecito infantil
de al lado de nuestra casa,

a que corriera y jugara
con otros niños como ella.

Y había allí otro abuelo, ¡claro!
Bueno, otros cuantos abuelos.
Pero yo hablaba con éste.

Y éste, también con su nieta.

El hombre, estaba conmigo
mientras la suya y la nuestra,
las dos, en una casita
de madera, allí, jugando,

cuando miró, se agachó,
y recogió una colilla
que había en la arena del suelo,
allí mismo, en donde estaban
nuestras dos nietas juntitas.

Por cierto, no era la única
colilla, que había varias.

-     Al que esto haya tirado...,
      -con la colilla enseñándomela-,
      yo se lo metía en pan...,
      y hacía que se lo comiera.

Y, a continuación de eso,
el hombre, le dedicó,
mirándome y conteniéndose
para no ser escuchado
por los oídos inocentes,
varios soeces epítetos
a quien hubiera tirado
colillas de cigarrillos
allá en donde, a las criaturas,

los mayores las llevábamos
a jugar. Y se indignaba:

-   Es que ya no se respeta
    ni a los niños, ¡¡qué vergüenza!!,
    ¿dónde iremos a parar
    con tanto degenerado...?

Y me tiró de la lengua:

-   Cuando usted y yo nos criábamos,
    dirá si usted si no es verdad,
    los más borricos de entonces
    sabíamos tener piedad
    y respeto hacia los niños,
    ¿a que sí?

Y él asentía.
Y yo seguía, diciéndole:

-   Y lo mismo ocurría,
    ¡lo mismo!, hacia las mujeres,
    si estaban embarazadas.

    Si estaban embarazadas,
    todo consideraciones
    y atenciones para ellas,
    ¿a que sí?, ¿a que es verdad?:
    cualquiera mujer, ¡cualquiera!

    Pero si una embarazada,
    nuestro respeto era ¡máximo!,
    y todos dándonos tortas
    por cuidarla y ayudarla:
    quitarle de llevar peso,
    darle el asiento más cómodo,
    cederle el sitio mejor,
    taparla de cualquier tránsito...

Casi era veneración
hacia aquella vida que iba
dentro de aquella mujer,
lo que nosotros sentíamos,
y toda suerte de mimos
los que nosotros le dábamos,
¿a que sí?, ¿a que es verdad…?:
casi era veneración.

¡Pues sí!; me dio la razón,
e insistió en el argumento,
mientras él y yo quitando
colillas de cigarrillos
de nuestro alrededor.

Y él y yo, en eso, un buen rato.

-   Bueno, amigo…, ¡hasta otro día!,
    nos iremos para casa,
    que la niña se ha cansado
    ya de jugar con la tierra.

-   Eso, amigo: ¡buenas tardes…!,
    yo también ya voy a irme,
    ¡vayan ustedes con Dios!

Y aquel abuelo se iba
idéntico a como yo,
-o, mejor, como nosotros-:
molesto y desencantado.

Y aún digo más: ¡¡y aburrido!!

¡Pero esto es lo que hay!,
¡éste es el Mundo!, y no hay otro.

¡Qué pena de nuestra niña!,
¡qué pena de nuestros niños!
Que un Mundo sin corazón,
lo que les aguarda a ellos,
un Mundo sin sentimientos.
Que les estamos creando.

¡Pero esto es lo que hay!

En nuestro pueblo, y en todos
los pueblos de esta España
que en una generación
está saltando en pedazos.

Masuriel

Ésta me la contaba un amigo mío del otro lado del charco, quien, más o menos, decía:

"Cuando uno como yo ha tenido la suerte de criarse en pueblos, al menos siempre le quedará el poder darse el gustazo de recordar aventuras.
Que en las grandes ciudades no pasan cosas como ésta que te contaré, pero en los pueblos,
ya te digo yo que sí pasan".

CON PRECISIÓN MATEMÁTICA.

Un tonto se entretenía
cogiendo cantos del suelo,
tirándolos hacia arriba,
y viéndolos caer luego.

Que rozándole pasaban
la nariz y la barbilla
una, y otra, y otra vez…:
que ¡¡rozándole!! pasaban.

Podría parecer, en viéndole,
que un ejercicio diabólico,
el que el tonto ejecutaba…,

pero ¡no, no!, no era eso,

no sufra usted, ¡alma cándida!,
ni piense que yo, y allí,
poquito menos que cafres
éramos los que lo veíamos,
pues no poníamosle freno
al tontito inconsecuente
antes que se lastimara…,

¡no, no!, no piense usted eso,
¡no, no!: ¡que no era tan tonto!

No diré que tan brillante
como el que inventó el plumero
o el que inventó la solapa…,
pero ¡tan tonto! no lo era.

El de las piedras al cielo.

Ni lo era ¡tan inconsciente!

Tenía el suficiente tacto
y la pericia sobrada
para tirar el peñasco
en diagonal ascendente,
coseno cinco un grados,
fuerza uno tres kilopondios,

para que, al volver a tierra,
¡¡justamente!!, le pasara,
a él, ¡¡justamente!!, la piedra,
a un centímetro del morro.

Y así, una vez y otra vez,
con una destreza bárbara.

¡Divertidísimo, el juego!;
para él, ¡¡divertidísimo!!

Pues eso: que tonto tonto…,
tonto del todo, ¡ni hablar!
A él, las piedras no le daban,
a él, ¡¡¡seguro!!!, no le daban.

Y si a un distraidillo,
o a uno que cerca pasara,
le daban fortuitamente,
provocándole una brecha
o un chichón como un pepino,
¡¡siempre, siempre!!, salía uno,
que al tonto lo disculpaba:

"¡Pobre, infeliz…!, ¡pobrecillo…!,
si es que es un tontito idiota…,
si es que hay que tenerle lástima…,

¿¡mira que tirando piedras
a ver si alcanza la Luna…!?".

Su coartada, pues, ¡¡perfecta!!
Estudiada y calculada.

Que, ¡pasándoselo bomba!
el tonto, con el toreo…,
y, ¡encima!, en la impunidad
absoluta y sistemática.
Por aquello de que idiota.

O sea que, de tonto, ¡¡nada!!

Como ¡¡tantos!! llega a haber.

Pues a mí me dio una vez.

¡Pues yo le pegué una hostia!

¡Con precisión matemática!

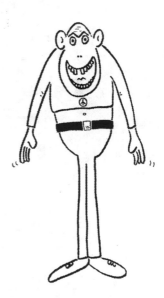

Masuriel

Las virtudes y los defectos se traen desde la cuna.
Y el que los tiene, ¡los tiene!

CONDICIÓN DE CAPITÁN.

Muchas cosas en la vida
se tuercen y se enrarecen
más por cabezonería
que por deseo de los hados;
¡muchas veces! en la vida.

Que muchos andan errados
cuando quieren ejercer
un papel que a ellos les viene
¡¡mucho!! de ancho, largo y alto.

En papeles de lo íntimo
y en papeles del trabajo.

Para ser el capitán
de algo, ¡el número uno!,
se han de traer desde la cuna
condiciones, reglas y hábitos:

un poquito de soberbia,
un mucho de valentía,
una alta dosis de orgullo,
un río de agresividad…,

capacidad de respuesta
sentida, coherente y rápida…

sobrada imaginación…

Se han de tener facultades
para estar en la cabeza
de lo que sea, de un algo.

Como demostró el Rajoy
de niño: ¡sí, sí!: ¡el Rajoy!

Una vez que su mamá
a una tienda de allí cerca
lo mandó a por bacalao.

-    ¡Hola, guapo!, ¿qué te doy?

Le pregunta la tendera.

-    Cuarto y mitad de eso de ahí...,
     de eso de ahí: bacalao.

Le responde, contundente.

-    De esto...? Perdona, chaval,
     pero esto no es bacalao:
     esto de aquí son arenques...,
     y apenas pesan cien gramos
     cada una..., son pequeñas...

     Mira: bacalao es esto.

Y la tendera le enseña
un bacalao medianete,
que haría, eso: un par de kilos.

     ¿Quieres que te corte de éste
     el cuarto y mitad que quieres...,
     que tu mamá te ha encargado?

Bueno, y ustedes, ¿qué creen
que respondió el Rajoy niño,
con toda celeridad?

Pues esto le respondió,
después de casi hora y media
de pensarlo y meditarlo:

-   Perdóneme usted, señora,
    que tengo que asegurarme…,
    preguntarle a mi mamá…,
    -se llamaba, creo, Asunción-,
    si es que no se ha arrepentido
    de hacernos hoy bacalao…

    Y si, mejor, medio kilo…
    O, aún mejor: seiscientos gramos…

    O si lo prefiere seco
    o lo prefiere mojado…

    O si no quiere otra cosa,
    que no sea bacalao…

    Perdone, vuelvo enseguida:
    "¡que es que yo estoy pa ayudar!".

Pues la misma operación
la repitió cinco veces…,
o seis… Lo de asegurarse.

Y, ¡sí!, al final, lo compró.

Las ocho ya, de la noche:
cuarto y mitad, de bacalao.

              …

El que me contó esta anécdota
acabó casi llorando.

Llorando de la emoción.

De la emoción de haber sido,
cuando niño, compañero…,
mejor: amigo del barrio,
del gran Mariano Rajoy,
el, hoy, líder carismático.

Y decía y concluía:

"Con él jugué ¡¡tanto!!, yo…,
con aquel ¡gran capitán!,
en nuestros, de niños, años…

Que ¿quién me lo iba a decir
que, pasados ¡tantos, tantos!,
conservaría ese instinto,
ése: el de ¡gran capitán!?".

Y ahora me lo explico yo,
para mí ahora está claro.

Toda esa seguridad,
ese punto de soberbia,
de arrojo, de altanería,
de imaginación, de orgullo…,

capacidad de respuesta…,

severidad…, contundencia…

del Rajoy de nuestros días,
no es una casualidad.

Por lo que decía mi amigo,
¡¡lo trae muy bien asentado!!

Masuriel

Y lo siento por los que lo pongan en duda,
pero la siguiente es otra historia verdadera,
y que llegó de muy buena fuente a mis oídos.
Porque yo he tenido siempre muy buenos enlaces
por ahí. Y ésta fue otra en la que yo tan sólo me
limité a ponerla en versos.

¡Verdadera, verdadera!

DE CÓMO SE LLEGA A RICO. A VECES.

José María Ruiz-Mateos…

¡Perdón!: don José María,
se cuenta que un poco avaro,
ya desde niño, un obseso
por el dinero, ¡un neurótico!

Que el caso era tener más,
y más, y más, y aún más,
buscándolo como un loco.

Y que por eso trece hijos
tuvo, dice con malicia,
creo, el Kiko Matamoros.

Pues el caso es que en un lunes
se levanta para irse
a trabajar, como es lógico,

y después de su duchita
breve, para no gastar,
empieza a ponerse el traje,
la camisa, los tirantes,
los zapatos, los gemelos…:

-     ¡¡Leche!!, ¿dónde está el reloj…?
      ¡Tere!, ¿has visto mi reloj…?

-     ¿Tu reloj…?: ¡no!, ¡no lo he visto!

Y se ponen a buscarlo
ellos dos, codo con codo…,

¡pero no lo encuentran, vaya!

Pues el aviso a los niños:

- ¡¡Venga!!, a buscar el reloj
   de papá…, que no lo encuentra…,
   ¡¡venga!!, a buscárselo todos.

Y todos allí, ¡los trece!,
buscándole allí el reloj
a papá…, ¡menudo palo!,
por la casa, dentro y fuera,
y por los alrededores…,

¡¡y, en pleno Enero…!!, ¡¡que un frío…!!

Y, doña Tere, ¡de pronto!:

- ¡Mira, cariño!, ¡aquí está!,

   que lo tapaba la caja
   de los "Dúrex extra sensitiv".

   Voy a decirle a los niños
   que ya no lo busquen más…

- ¡¡No, Tere, no!!, ¡¡deja, deja….!!:

   ¡¡a ver si se encuentran otro!!

                                    Masuriel

Pues igual algún día se descubre que esta
otra escena que relataré a continuación
no fue una mera invención mía, o de quien
fuera, pues igual sí.

DE EXCURSIÓN A GALAPAGAR.

- Luego dirán que no somos
  los españoles activos.

  Esta mañana mismito,
  ¡esta misma!, hemos salido
  desde Madrid, yo y tú
  y estos treinta y seis coleguis,
  a hacer deporte: ¡que digan!

  ¡A Galapagar, que vamos!,
  a ver si andando un poquito
  tonificamos los músculos,
  los huesos y los esfínteres,
  y nos ponemos en forma,

  que ya mismo hay que salir
  de donde estamos, ¡por piernas!

  Yo y tú, y estos treinta y seis
  que los llevamos detrás.

  Mitad machos, mitad hembras.

  ¡Todos!, nuestro bocadillo,
  ¡todos!, nuestra cantimplora...

  ¡Qué orgulloso estoy de todos!,
  ¡todos tan disciplinados...!

  Aunque..., empieza ya a dolerme
  un poquito este tobillo...

  Estoy un poco cansado...

  Echaría un sueñecito...,

pero, claro, si me paro...,
luego va a serme imposible
coger otra vez el ritmo...

¿Tú vas bien...?, ¿sí...?, pues yo, chico...,
voy un poquitín jodido.
No sé si no habremos puesto
la meta un poquito lejos...,
¡eso de a Galapagar...!

A ver; voy a preguntarle
a ese humilde labriego:

¡Oiga, buen hombre...!, ¡oiga, amigo!,
¿sabe usted si estamos cerca
de Galapagar...?, que vamos
allí, a pasar el domingo...,
y no sabemos si aún...

-   ¿A Galapagar?, pues, hombre...,
    ¡pues sí está lejillos, sí...!,

    andando..., podría haber,
    pa uno solo..., ¡un par de días!

    Pero, bueno: ¡usted tranquilo!:
    como van ustedes muchos,
    en un par de horas, allí.

-   ¡Muchas gracias!

-   ¡No hay de qué!

-   ¡Bueno...!, ¡vaya...!, me ha animado
    la ayuda de ese buen hombre.
    Hasta me parece que...
    ya ha dejado de dolerme
    este dichoso tobillo...

¡Venga, chicos!, que ¡ya mismo!
estamos en donde vamos.

- ¡Ah!, y por cierto: ¿a dónde vamos…?,
  ¡¡nos vayamos a perder!!

- Vamos a Galapagar,
  siguiendo recto el camino.

- ¡Ah, sí, sí, sí…!, ¡ahora caigo!,
  ¿estaría pensando en qué?:
  ¡muchas gracias, Moratinos!

Masuriel

12

Y, la que sigue, ésta fue una de mis más sentidas
crónicas; o crónica de una crónica.
Ésta iba sobre un reportaje en "La Dos",
de Televisión Española, en la que ya es bien
sabido que se prodigan ¡¡tantos!! de fondo
cultural y científico, y a cuál más interesante.
Pues eso: sobre aquel reportaje iba mi crónica.

Y, por cierto, que el personaje en cuyo cuerpo
me metí en sentido figurado para montar la
narración y como recurso para darle más
credibilidad a la misma, falleció antes de publicarla
-¡vaya, hombre!-, el primero de Marzo del 2009.
Que yo me llevé un disgusto...!,
que ese día se me perdió un machete que me
traje de cuando la Mili..., ¡y un disgusto, ya
digo...!

¡Ah!, y por cierto: el 29 de Abril del 2011,
los del Ayuntamiento de Barcelona -¡¡pandilla
de cagados!!- daban marcha atrás, y de nuevo
volvían a lo de siempre, a lo suyo: a ponerles
multas a los que no fueran vestidos como Dios
manda por la Ciudad.
O sea, a lo de siempre.

DESNUDOS POR BARCELONA.

¡Pues sí!, hoy, finales de Abril
del Dos mil ocho; en "La Dos".

Hoy han vuelto a programarlo;
u, hoy, cuando yo lo he visto.

Un reportaje ¡¡brillante!!,
un reportaje ¡¡fantástico!!

Uno de los ¡tantos! que hacen.

Éste iba sobre el nudismo.

Creo que lo llaman "nudismo"
los puristas, eso creo.

Lo de ir por ahí desnudo
por la propia calle, ¡vamos!

Yo he aguantado un rato viéndolo.

Salía un fulano calvo
explicándolo muy bien.

¡Muy bien!, eso que un derecho
humano e inalienable.

Lo de ir por ahí en pelotas.

Bueno, o en raja, si es tía.

Bueno, ¡perdón!: si es señora;
que algunas también posando.

Y, unos y otros, los de en bolas
y las de en raja, explicando
la inmensidad de ventajas
y conveniencias que tiene
lo de ir así por la calle,
lo de ir por ahí paseando
como Dios te trajo al Mundo,
¡desnudito!

"¡¡Esto es fantástico!!",
repetían unos y otras.

Que eso de ir enseñando
la pilila, el chuminín,
el surco del pompis…, ¡¡¡todo!!!,

"eso es supermodernísimo
-insistían- y ¡mola mazo!"

Y el que más ardor ponía,
el líder del reportaje,
un sesentón bien pasado…,
-¡¡qué estragos hace la vida!!,
yo creía que sólo a mí-,
y ese sesentón, salía
yendo por ahí -Barcelona-,
por ahí, en su bicicleta,
¡tan, tan, tan, tan ricamente!
por ahí, penduleando…

Con sus gafitas de sol…,
con sus buenas zapatillas
de marca, número exacto…

Y ¡¡desnudito!! en su bici:

parándose en los jardines…,
parándose en las aceras…,

parándose en las esquinas…,
parándose en los semáforos…

Dándole aire, ¡¡orgulloso!!,
a sus repliegues muy eméritos
y a sus muy nobles colgajos.

¡Precioso, sí, sí!: ¡¡precioso!!

Y otras, ellas; que eso: ¡igual!

Aireando allí sus carnes…,
sus pezoncitos oscuros,
sus nalgáceas celulíticas,
su pelambrera entrepiérnica…

A una, creo que le asomaba
hasta el hilito del "támpax…",
pero no estoy muy seguro.

Desde luego, ¡¡estupendísimas!!,
¡¡maravillosas!!, ¡¡perfectas!!
Que eso era, concretando.

Bueno, menos una que iba
con el chichito afeitado…,
que ésa no,¡no me gustaba!

Bueno, ni otra que llevaba
dos tetazas como cántaros…,
que ésa no, ¡no me gustaba!

Bueno, ni una que un culazo
que se tragaba el sillín…,
que ésa no, ¡no me gustaba!

Esas tres no me gustaban;
pero las demás, ¡¡preciosas!!

¡Claro!, la Naturaleza,
es que es naturalidad.

Que así es la vida, ¡caray!,
y no hay que darle más vueltas.

Y en esta vida de tránsito
no hay que ser tan tiquismiquis,
no hay que ser tan apocado.

Yo es que eso de ir en pelotas,
yo es que eso lo veo ¡¡¡muy bien!!!,
¡yo me apunto!, ¡yo me apunto
en cuanto pueda!, ¡yo, sí!

Yo, un ser libre y liberado.

De las represiones ¡¡todas!!

Ya me estoy imaginando
en el "Carrefur", el "Lídel",
el "Día", el "Mercadona",
el "Eroski", el "Alcampo…",

y allí, las reponedoras,
-y, aún más, los reponedores-,
las cajeras, los cajeros…,
¡¡desnuditos por allí…!!

Y, en el pequeño comercio,
panaderas desnuditas,
panaderos pito al viento,
y, de vez en cuando, dándose
un manoseo profiláctico
para ponerlo en su sitio
bien mullidito,…, o rascándoselo…

Y, el carpintero, aserrando,
con ¡todas! sus nobles partes
plagaditas de serrín...

Y, el pescadero... ¡¡¡ay, cuidado!!!,
vayamos a confundir
la protuberancia exótica
con una vulgar lubina...,
¡y cortarle la cabeza...!

Y el profesor de Latín,
en bolas él, explicando
lo del: "cógito, ergo sum...",

¿Y el funcionario de Hacienda...¿,
¿y el de la Tesorería...?,
¿y el de Correos...?, ¿y el del INSS...?

Pues, ¡¡anda que el del Inem...!!,
¡¡con las colas que hay allí...!!,
¡¡tantos, tantos, tantos, tantos...!!

Yo adoro la libertad,
y por eso estoy mostrándome
muy claramente a favor
de la libertad sin límites,
que es como tiene que ser.

En lo de ir ¡sin ropa alguna!

Y al Ayuntamiento aplaudo.

¡Sí, sí, sí!, al de Barcelona,
que es en donde vivo yo,
por haberlo puesto esto
en su Reglamento Urbano:

la libertad de ir por ella
cada cual como le plazca.

¡Yo sí!, yo estoy muy de acuerdo.

Y yo quiero, ¡¡sí!!, como ellos.
Yo quiero ser como ellos,
los del reportaje hablado.

Yo, eso: ¡¡¡total libertad!!!
con las pautas de mi cuerpo.

Que, ¿quién sabe?, igual es fácil
que alguien te dé por el "fistro…",
como diría don"Chiquito",

y, ¡hombre…!, ¿¡desaprovecharlo…!?

Yo quiero ser como ellos,
como los nudistas míticos
del reportaje: ¡como ellos!

Y, lo primero, ir ¡¡calcado!!
a como el Adán y Eva.

Y, lo segundo, el pipí
directamente en la calle,
¡faltaría!, o en un árbol.

Y cagar, claro -¡ay!, perdón-.

Y eso: y tirarme peditos.

Y eructar, ¡sí, sí!, eructar.

Y, los mocos, con el brazo.

Y sacarme los zapatos,
-que ésos sí, todos los llevan;
se ve que es obligatorio-,
y sacármelos, si quiero,
guarreados o sudados,
en donde sea, y como quiera,
que para eso son míos.

Y yo, teniendo almorranas,
¡¡jolín!!, pues que se me vean
y se me ventilen, ¡¡cáspita!!,
y se me aireen…, que ¿qué pasa?,
¿voy a andar yo con remilgos
ahora yo, ya…, ¡a mis años…!?

¡¡Una auténtica gozada!!

Un reportaje ¡¡magnífico!!,
repito. Y edificante.

Yo, ya, mi nota tomada,
ya digo, y ya estoy mirando
a dónde hay que ir a apuntarse
para obtener el carnet
para eso de ir desnudo
sin que te multen ni nada.

Ya, la bici, ya la tengo.

Y en colores azafranes.

¡Desnudito a todos lados!

Por Barcelona, ¡sí, sí!

¡¡Yo me apunto!!, ¡¡yo me apunto!!,
¡¡palabra!!

Josep Rubianes

Post data: Y tengo mis bambas;
que se me había olvidado.

Masuriel

13

Y a continuación, una especie de adivinanza;
o, mejor, un juego.

O un reto a que el lector se defina.

DÍGALO USTED.

- *Sólo existe una manera*
  de ganar, o hacer dinero,
  honrada y decentemente.

Uno al otro, le decía.

- ¿Y cuál es?

Lo que en respuesta.

- Ya sabía yo, ¡¡so pendejo!!,
  que tú no la conocías.

       …

Hablando amigablemente
tras dos jarras de cerveza,
el Juez Garzón y el Bermejo.

¿Que quién el falto de escrúpulos?

Pues eso dígalo usted,
ya se lo digo, ¡hala!, ¡mójese!

Yo, a su criterio lo dejo.

    Masuriel

14

"La cooperante fue liberada ayer por Al Qaeda.
Dos millones de dólares por la liberación de Alicia Gámez.

. El precio por los otros dos españoles secuestrados es de 4 millones más.
. Un intermediario de Burkina Faso cerró el trato con los terroristas.

Antonio Rubio | Madrid
Actualizado **jueves 11/03/2010, 05:46 horas.**

La libertad de la cooperante Alicia Gámez ha costado dos millones de
dólares y ese dinero ha llegado a los miembros de Al Qaeda en el Zagreb
Islámico (AQMI) a través de una serie de intermediarios, tanto de Mali como
de Burkina Faso, que también han cobrado un porcentaje por ese rescate.

El precio por los otros dos miembros de la ONG Barcelona Acción Solidaria,
Albert Vilalta y Roque Pascual, ha sido cifrado por los salafistas de Al
Qaeda en **otros cuatro millones de dólares**. En total,
la cifra que se tendrá que pagar por la libertad de los tres cooperante
catalanes asciende a **seis millones de dólares…".**

("El Mundo", 11/03/2010)

. . .
**"De la Vega: 'No ha habido ningún pago de rescate' para liberar a Alicia
Gámez.**

*… De la Vega fue rotunda al hablar sobre el supuesto pago del rescate: '**No
ha habido ningún tipo de pago**', aseveró, 'no ha habido ningún tipo de
contraprestación". La vicepresidenta achacó el éxito de la liberación a 'los
esfuerzos diplomáticos a lo largo de estos tres meses' y quiso 'agradecer de
manera expresa la labor de otros países'.*
*… 'esto ocurre a veces en este tipo de secuestros, no hay una razón objetiva
y hay otros precedentes…".*
*…'La liberación de Gámez ha sido fruto de esfuerzos, gestiones y de los
servicios diplomáticos…'.*

("Libertad Digital", 11/03/2010)

¿DOS MILLONES DE RESCATE?

Pero, ¡a ver!, que digo yo:
¿y a quién vamos a creer:
a doña María Teresa
Fernández y De la Vega,
que dice que ahí ¡¡ni un euro!!,
-aunque ella aún piensa en pesetas-,
o a los mindundis de "El Mundo",
que dicen que dos millones
de dólares, ¡nada menos!?,
¿y a quién vamos a creer?,
y, ¡a ver!, ¿y a quién, con más clase?,
y, ¡a ver!, ¿y a quién que más crédito?

¿O, acaso, a los mazacotes
y a los piraos de "Al Qaeda"
que ahora dicen que a la chica
la han dejado libre ellos...,
porque ahora es del Islam
y ahora se llama "Aicha..."?,

¿y a quién vamos a creer?

¡Sí, sí, sí, sí!, me refiero
al rescate ése de marras
por la tal Alicia Gámez,
funcionaria de Justicia,
cooperante secuestrada
junto a otros dos comepedos
en Diciembre del pasado
Dos mil nueve, ¡ya tres meses!,
por "Al Qaeda", en Mauritania,
a eso me estoy refiriendo.

Porque "El Mundo" que ¡un pastón!,
y doña Tere que ¡nada!

Que, a los morazos, ¡ni caso!
Y a alguien habrá que creérselo,
y alguien tendrá la razón,
pues, de verdad, sólo hay una.

Pues, para mí, doña Maite,
digo sin cortarme un pelo.

Porque doña Maite es seria,
y ella ¡¡¡jamás!!! mentiría,
-ya lo he dicho: funcionaria-,
que ella no sabe hacer eso.

Por esto, aquesta noticia,
para mí, otro burdo enredo,
esta vez, queriendo hacerle
daño a esta buena mujer…,
-bueno…, mujer…, pero poco-,
que yo no sé cómo aguanta
entre la parva de lelos
que se escoge el Zetapé…,

con lo lista y con lo guapa…,
-bueno…, guapa…, pero poco-,

y con lo artista que es ella,
-¡anda, que posando en África…!-,

y con lo seria que es ella…,
-seria, ¡sí, sí!, seria, ¡¡y mucho!!-,
doña Maite…

            Y, sin rodeos:
si ella ya ha dicho que no,
es que aquí no se ha pagado,
y que la señora Alicia,
la sagaz cooperante,

-que no sé ¡qué coño hacía!
dando allí alpargatazos,
si aquí ¡¡a manta!! extranjeros,
y aquí podría "cooperar"
sin tanto lío y tanta rollo-,

y que la señora Alicia,
igual es que se ha escapado
por su audacia y por sus medios.

O igual es que se ha liado
con un moro, y lo ha liado,
y se ha apañado la fuga
a base de teta y raja…,
o ¡qué sé yo…!, ¡¡yo qué sé…!!

Pero aquí hay algún secreto.

¡Y eso de que "mahometana…!".

Pero, bueno: que está ¡¡suelta!!,
o ¡¡libre!!, sea como sea,
y eso es ahora lo importante.

Y eso: que será verdad
lo que dice doña Maite
de que, de rescate, ¡¡cero!!

Por la Alicia.

            ¡Y mucho menos!
por los dos que aún en la "jaima",
que ésos tendrán para tiempo.

Y los de "El Mundo", ¡a seguir!:
los de "El Mundo", como siempre
nos tienen acostumbrados:

llenar España de embustes,
de mentiras y de enredos.

Que a ver si algún día ya paran,
¡jolín…!, y que le metan caña
al Rajoy, al Gallardón,
al Feijoo, a la Soraya,
al Aznar…,
                    ¡sí!, a todos ésos…,
¡pues eso!, porque es lo lógico,
porque son "la derechona"
que ¡tanto! los solivianta,

-su director, Pedrojota,
y el Zetapé, ¡como hermanos!-

¡pero hombre!, insinuar,
maliciar desde sus páginas
que doña Maite Fernández
De la Vega, ¡¡y del PSOE!!,
podría ahora estar mintiéndonos…,

¡hombre!, esto es grave y ¡¡muy grave!!,
esto ya huele a traición,
esto ya raya en lo obsceno.
¡Y aquí hay gato encerrado!

Para mí, que preparándose
los mandrias ésos de "El Mundo"
para el cambio de chaqueta
que ya ¡¡tan cerca!! tenemos.
Que aquí hay ¡tanto oportunista…!

En fin; ésta, la noticia
que hoy destacaban los medios.

La clara contradicción
entre la doña que he dicho
y otras fuentes contrastadas,
-¡vaya fuentes!-, por "El Mundo".

Ésta, hoy, ¡¡la gran noticia!!

Aunque, ¡para mí!, reitero:
¡¡otra manipulación!!,
¡¡otra estafa!!, ¡¡otra patraña!!,
¡¡otro acto de mala saña!!,
con la muy clara intención
de seguirnos, eso, dándonos
por donde escapan los pedos.

Pero, en fin; ¡es lo que hay!

Pero, en fin, que yo, ¡ni caso!

Yo ya lo tengo ¡¡muy claro!!,
¡y a mí no me enredan ésos!

Masuriel

15

Volvía a suceder el Día 12 de Octubre del 2010.

Otra vez el bochornoso abucheo público
que se venía repitiendo en los últimos años,
y otra vez contra el señor Rodríguez, ¡claro!

Que ¡qué vergüenza!

Para quien la tenga.

¡Vergüenza!

Y éste tema tengo el gusto de dedicárselo a
todos los entrañables Guardias Civiles de todos
los cuarteles en donde yo me crié,
y tanto cuidaron de mí y de todos los niños
de entonces.

EL ABUCHEO DEL 12 DE OCTUBRE.

Estaba muy contrariado
el día que me lo contaba.

Un Guardia Civil, y amigo,
que se había pateado España
por esos ¡tantos! cuarteles,
pasando penurias ¡¡tantas…!!

Y me hablaba con tristeza
contándome lo siguiente:

" Cuando las Fuerzas Armadas
-armadas es un decir,
me decía con ironía-,
cuando hacían el paseíllo,
cuando este Día lo hacían,
este Día Doce de Octubre
del Dos mil diez -como en otros-,
¡¡se lió una zarabanda…!!

De griterío, vocerío,
silbateos, abucheos
y malsonantes palabras
contra el Zetapé… ¡No veas,
la que lió la chusmarraca!

Bueno…, ¡perdón…!: 'chusmarraca'
no es lo que quería decir;
se me ha escapado: ¡perdón!,
me he liado al acordarme
de lo que decía 'El País';
'chusmarraca', no, ¡lo siento!:
'señores espectadores';
los que tranquilos estaban
esperando a que el desfile.

¡El desfile!
                    Y cuando vieron…,
y en cuanto a ése lo vieron…,
lo vieron al Zetapé…,
empezaron a inquietarse
y a acordarse ahora del paro,
y del hambre, y de la falta
de seguridad y de orden
que permite este interfecto…,

y de lo de las pensiones
y el palo a los funcionarios…,

¡y del Once-eme, incluso!,
¡de aquella inmoralidad
de la que ya se sabrá…!,

y, ¡¡a todos!!, eso: ¡¡unas ganas…!!,
¡y empezaron a gritar!,
¡y empezaron a silbar!,
¡y empezaron a cagarse
en los vivos y en los muertos,
y en su papa y en su mama…!

¡Bueno, bueno, bueno, bueno!,
como diría aquella mística
que novia del "Ramoncín",
la que le traía los huevos,
¡¡se lió un follón allí…!!,
que se giró hasta la cabra
de La Legión, por si era
para afearle su atuendo
la bochornosa pitada.

Pero, ¡no!, no era por ella;
y se dio cuenta enseguida,
la animalita, y siguió;
el follón no iba por ella.

Ni iba por los legionarios,
ni por los Guardias Civiles,
ni por otros militares
que allí haciendo el papanatas…,
¡no, no, no!, no era por ellos,
la bronca no era por ellos:
era por el Zetapé.

Por él era.
          En cuanto él puso
fuera del coche la pata,
digo, el pie, pues se liaron
a abroncarle, ya lo digo,
un tal puñado de gente…

Parecía el Bernabéu,
cuando jugando allí el 'Barsa'.

Y se deslució del todo
la Fiesta planificada.

Todo el gentío: ¡¡y dale!!, ¡¡y dale…!!

Y, el Zetapé, ¡tan tranquilo!;
el Zetapé, en su carita,
su mueca plastificada
de siempre…, rayando en cínica…

Y no se fue, ¡no, no, no!,
no cogió, por dignidad,
-¡difícil! que a ése eso-
el coche, y se fue a su casa.

A 'La Moncloa', mejor dicho,
'su casa' de ¡¡a todo tren!!,
¡¡todo a jeta!!, ¡¡todo gratis!!

Pues no se fue, ¡no, no, no!

Y se oyó lo que se oyó,
y se vio lo que se vio,
y en el ambiente quedó
una inquietud no deseada.

¡¡Tanta!!, que hasta el Rey, después,
-y lo grabaron las teles-,
nos hizo formal demanda
a los nobles ciudadanos,
de calma, en próximas fechas,
pues que no queda correcto
que una Fiesta como ésta
quede como una charanga.

Lo pidió, sí, lo pidió.
A la población hispana.
Que esa bronca, aunque legítima,
para otro día la guardaran.

El Rey, y eso, ¡y los políticos!

¡Todos!, pidiendo lo mismo:
que la chusmarraca dicha…,
-¡perdón! otra vez-, la gente-,
se calmara, y no chillara.

Por respeto al Día que era,
decían: Y por corrección.

Y, bueno, y hasta el Gobierno,
diciendo ya al día siguiente
de hacer un 'código ético'
-propuesta de la Chacón-
de comportamiento estético,
y, a todos los ciudadanos,
en próximas ediciones
aplicarlo ¡¡a rajatabla!!

Prohibiendo en este Día
el uso de la palabra,
¡sí, sí!, ¡¡prohibiendo!!, ¡¡prohibiendo!!

Que esto se les da ¡¡de fábula!!

Y yo no lo veo bien.

Yo veo bien que el Día de Fiesta
-'El Pilar', ¡ahí es nada!,
y 'La Hispanidad', ¡no veas!,
y 'El Día de la Benemérita',
¡¡el de la Guardia Civil!!-,
pues se emplee, pues para fiesta,

pero comprendo también
que hay mucha gente del Pueblo
dolida y desesperada
por la situación ¡¡¡infame!!!
que están viviendo en sus casas,
y, claro, ¿qué van a hacer?:
¿ir a reírle las gracias
al Presidente…?: ¡¡pues no!!

Yo me pongo en su lugar
-de esa gente-, y yo le haría
al Presidente lo mismo:
abuchearlo y cagarme
en su raza y en su casta.
Ponerlo, eso: ¡¡a parir!!

Porque yo le estoy pagando,
y él, por mí, no haciendo ¡¡¡nada!!!

Yo lo pondría ¡¡¡a parir!!!
Para que sepa que estoy
de él ¡¡hasta los mismos huevos!!

Y como él de todo pasa,
pues como lo pillo allí,
allí, en el Doce de Octubre,
pues allí le doy la vara.

Y ¡lo siento! por la Fiesta.
Porque yo, de Fiesta, ¡¡nada!!:
poniéndome en donde ellos.

O sea, que yo haría ¡igual!
que todos los que lo hicieron.

Yo veo bien lo del respeto
que el Rey y otros nos demandan,
pero lo justo es lo justo.

Y hay que ponerse en la piel
de ¡¡¡tantos!!! como sufriendo
hoy en día, en nuestra España.

O sea que, la bronca, ¡¡justa!!,
¡¡legal!! y ¡¡proporcionada!!

Y lo que justo no vi,
ni justo ahora lo veo,

-y ya casi era un lamento
lo que ya decía mi amigo-

es que el Rey se limitara
al palabrerío barato,
y a estúpidas risotadas…,
y no hiciera, ¡¡por vergüenza!!
y ¡¡por honor!! lo que digo:
irse para el Zetapé,
cogerlo por la solapa,
y decirle, así, ¡bien serio!:

'¡Mira, macho!: esto es por ti,
este bronquerío es por ti,
y aquí nos estamos ¡¡todos!!
jugando aquí el bigote,
y es por tus ¡¡gilipolladas!!,

de modo que, ¡¡venga!!, ¡¡al coche!!,
¡¡y date el piro ahora mismo!!,
que aquí no te quieren ver.

¡¡Venga: coge el coche...!!, ¡¡¡y aire!!!
¡¡Y ya hablaremos mañana!!'.

Yo me apuesto lo que quieran
a que si eso nuestro Rey
lo hubiera hecho y dicho,

-decía con gran dolor
ya, mi atribulado amigo-,

si eso lo hubiera hecho el Rey,
el abucheo se habría vuelto
en ¡¡un vendaval!! de palmas.
Yo me apuesto ¡lo que quieran!

Porque el Pueblo ya está ¡¡¡ansioso!!!
de que el Jefe del Estado
tome alguna vez su sitio...,
y, alguna vez, dé la cara.

Pero, en fin; sólo pasó
lo que pasó, y así fue.

Otro día echado a perder.
Otro de la Hispanidad,
y otro de la Benemérita,
y otro del Pilar, ¡¡qué lástima!! ".

Y así concluyó mi amigo,
el viejo Guardia Civil
que, de cuartel en cuartel
y en tiempos muy, ¡muy difíciles!,
se había pateado España.

Me echó su mano, y se fue.

Los ojos, mirando al suelo;
yo diría llenos de lágrimas.

Masuriel

Y, el siguiente, otro lamentable suceso acaecido también a principios del 2010.

La crónica oficial decía:

"El gesto del ex presidente del Gobierno José María Aznar, que levantó el dedo corazón a los estudiantes que le abuchearon en la Universidad de Oviedo, ha generado una avalancha de críticas en el Partido Socialista.

La vicepresidenta primera del Gobierno, María Teresa Fernández De la Vega, ha subrayado que el Gobierno 'no comparte' la forma en la que un grupo de estudiantes increpó al ex presidente José María Aznar, y explicó que 'la discrepancia debe hacerse desde la palabra y el respeto'. No obstante, señaló que el gesto de Aznar, que levantó el dedo corazón a los alborotadores, 'no ayuda a mantener la idea de respeto'.

El Secretario de Libertades Públicas del PSOE, Álvaro Cuesta…
La secretaria de Organización del PSOE, Leire Pajín…
La secretaria de Política Internacional del partido, Elena Valenciano…
El presidente del Congreso, José Bono…
El ex alcalde socialista de Madrid, Juan Barranco…".

(Europa Press|El Mundo.es|Madrid, 19.02.10).

EL DEDAZO DE AZNAR.

¡A lo que llega el absurdo!,
¡a lo que llega la idiocia!,
¡a lo que llegan los pánfilos!

Hoy salen, verde poniéndolo,
a José María Aznar.
Hoy mismito, ¡sí, sí, sí!,
diecinueve de Febrero
del Dos mil diez, ¡hoy mismito!

En muchos medios, poniéndolo,
mismamente ¡como un trapo!,
por, él, la su mano izquierda
haberla hacia arriba echado
a la altura de su sien,
y el su dedo corazón
tieso como el sobrio mango
de un palustre o de un martillo
y los demás sujetándolo,
y su mirada clavada
-la mirada ésa que muerde-,
en una piara de chicos
que en actitud desafiante,
a él, a su vez, increpándole,
como diciéndoles:

"¡¡¡Toma!!!".

Por haber hecho ese gesto
y quedádose ¡tan ancho!,
hoy, a él, lo ponen ¡verde!

La Universidad de Oviedo,
donde ha ocurrido, o pasado.

A unos chicos que a él diciéndole:
"¡¡¡asesino!!!", "¡¡¡terrorista!!!",
"¡¡¡fascista!!!" "¡¡¡chapapotáceo…!!!".

Pues yo, lo que ahora digo,
y lo que siempre diré:

y, ¡a ver!, ¿y por qué empezáis
vosotros a insultarlo?,
y, ¡a ver!, ¿por qué le faltáis?,
¿no sabéis ya que es un borde
y un cafre, el señor Aznar,
y un tiparraco malvado…?,
¿pues por qué os metéis con él:
para que os levante el dedo,
como os ha hecho, y os mande
a tomar mucho por saco…?,
¿para eso se lo hacéis…?

Yo, es que lo veo y no lo creo;
es que esto es para mear
y no echar ni gota, ¡vamos!

Como a explicarme no alcanzo
que salga la "De la Vega",
la que ¡¡menuda hostia tiene!!,
muy indignada, y diciendo
¡¡ella!! que: "*la discrepancia debe
hacerse desde la palabra y el respeto…*",

y que el levantarle el dedo
a los pobres estudiantes
"*no ayuda a mantener
la idea de respeto…*".

¡¡Doña Maite!!, ¡¡como lo oyen!!

Y la Elena Valenciano,
-la secretaria de Política
Internacional del PSOE-,
pues la Elena Valenciano,
atizándole también,
tachándolo de "*patético*",
"*resentido*", "*autoritario*",
"*deslenguado*", "*maleducado...*".

Y ya, de paso, al pamplinas
del Rajoy -¡no iba a librarse!-,
y los dos ahora en el saco,
y a los dos, esa señora,
tachándolos de "*violentos*",
de "*fachas*", "*sectarios*", "*malos...*".

¿Y el ínclito Juan Barranco,
el, de Madrid, ex alcalde,
otro que le pega al "güiski"
con verdadero entusiasmo?

Pues ése, dando lecciones
de justo y de comedido,
y tachando ¡¡¡él!!! al Aznar
de andar por ahí "*lucrándose*".

Y otros más que ya me callo;
porque es que no acabaría.

Pues ya lo digo: ¡¡imposible!!,
¡¡incomprensible!!, ¡¡increíble!!
o a lo que hemos llegado.

La de gente moralista
que hay por aquí rodeándonos.

Que me traen a la cabeza
ahora mismito el refrán:

"La sartén le dijo al cazo…".

Masuriel

17

Y, a continuación, la recreación de un viejo chascarrillo que le escuché, a mediados de los Sesenta, -¡si habrá llovido!-, a mi gran amigo Manuel Roberto Conde, quien trabajaba en la Telefónica, en Ciudad Real.

A él se lo dedico, en su recuerdo.

EL HERMANO NICOLÁS.

El Hermano Nicolás
era un fraile bonachón
que, en el humilde convento,
ya, toda una institución,
pues que allí ¡toda su vida!

¡No vean!, a la de colegas
que el fraile enterrado había.

Viejecito, rechonchito,
ordenadito, aseadito,
las sus uñitas limpitas…

Desde luego, era, por todos,
el hermano más mimado
y al que más le consentían.

Por eso no es de extrañar
lo que, cuando el incidente,
allí se montó aquel día.

¡Todo dios!, sobrecogido
al saber fehacientemente
que ¡el pobre!, un feo percance
aquella mañana misma.

Él, como soler solía
-menos cuando granizaba,
nevaba, helaba o llovía-
había bajado, eso, al huerto
a darle un poco a la azada,
y a sulfatar, y a escardar,
y a arrancar las hierbas pícaras…

Es decir, a entretenerse
ocupando la mañana
en labores relajantes,
como el Juan Guerra en Sevilla.

Y estando en estos quehaceres,
le entró, de hacer caca, gana,
y el Hermano Nicolás,
se agachó, ¡lo natural!,
junto a un bancal de judías…,

los calzoncillos abajo
y la, digamos, sotana,
desplegada alrededor
como si una tiendecita…,
y, ¡hala!: a aliviarse a gustito.

Y, en verdad, que se alivió.

Mas, cuando fue a levantarse,
ocurrió, ¡cosa inaudita!,
el lamentable percance
que echó a todos a temblar.

Al quererse incorporar
¡no se podía enderezar!,
¡¡de ningún modo podía!!

¡Pobre hermano Nicolás!,
¡¡pobrecillo!!, ¡¡pobrecito!!

Y, todo el mundo, ¡enseguida!,
a su alrededor, solícito.

Lo agarraban por los brazos
un par de los más fornidos,
tratando de auparlo arriba…,
y, el pobre, daba ¡¡¡unos gritos…!!!

"¡Venga, Hermano Nicolás!,
¡venga, Hermano, otro esfuercito…!:
¡¡arriba!!, ¡¡arriba!!, ¡¡arriba…!!".

Pero, ¡nada!, el pobre fraile,
como un cuatro, ¡no había forma!

Y venga a probar con métodos
para ponerle erguido,
y él, a cada nuevo intento,
más gritaba y más gemía.

¡Jolín!, ¡vaya situación!:
toda la hermandad de frailes
volcada a su alrededor,
dando cada uno su idea
para tratar de ayudarle…

¡¡¡Por fin!!!, a uno medio lila
de aquella hermandad cristiana,
¡¡sí!!, se le ocurrió, ¡¡ay, bendito!!,
lo de alzarle la sotana
que hasta los pies le tapaba,
al Hermano Nicolás,
tal como estaba, en cuclillas…

y, la sorpresa, ¡total!,
pero, al tiempo, ¡bienvenida!,
pues se desveló, al final,
qué era lo que le ocurría
al Hermano Nicolás.

Que con harta complacencia
y dulce condescendencia,
el de la idea genial
de levantarle las sayas,

le suelta muy natural
al frailecito en desdicha:

"¡Hombre…!, Hermano Nicolás…,

¡¡¡que se ha pisao usted la picha…!!!".

Masuriel

18

Una de las cosas que verdaderamente me fascina es contar historias ejemplares y ejemplarizantes,
lo digo otra vez.

Y aquí va otra.

EL MUNDO ES DE LOS AUDACES.

El mundo es de los audaces.
El mundo ése de los medios
y de la publicidad,
ése, al que yo me refiero.

Que, hoy en día, lo importante,
alcanzar un titular.

¡Alcanzar un titular!,
sea como sea, es lo que cuenta,
y a eso, a lo que hay que aspirar!

Ya estamos habituados
a que cualquier pinchaúvas,
en un uso inteligente
de sus facultades psíquicas
salga por aquí o allá
contándose una grandeza
para la atención llamar
de los medios, propiamente.

Desde presumir que ha sido
el novio de una folclórica,

hasta afirmar que ha cantado,
de una cortina, detrás,
mientras que la artista haciendo
movimientos con la boca,

hasta decir que la dama
que le dio curro hace años,
iba, día sí y día también,
chutadita hasta las trancas…

Todo eso vale, ¡sí, sí!

Contándolo a jeta abierta
y vistiéndolo de escándalo,
es ideal para salir
en hora de audiencia máxima,
y así empezar ya a triunfar.

En la tele, que es lo máximo.

Y, así, empezar ya a forjase
un camino hacia la fama.

Y colgarse de un famoso
es un recurso ¡¡genial!!

Y, además, lo que se lleva;
lo más limpio y lo más lícito.

Sacar el mejor partido
de una o de otra manera
de sus dotes, cada cual.

Y asomarse como pueda
a este duro escaparate.
Querer saltarse las pegas,
de todo punto es cabal.

Y si el público que paga
se lo coge y se lo acepta,
¿cómo vamos a afeárselo?

El público es el que manda,
y él es el que ve las teles,
y él, el que llena los teatros.

Aquí, pues, ¡ya vale todo!,
y, por lo tanto, ¡¡a callar!!

Valió hasta esto que dijo
-lo cito a modo de ejemplo
magnífico y ejemplar-
una señorita anónima,
cuyo nombre no hace al caso.

Pues la señorita anónima
cuyo nombre no hace al caso,
confesó con desparpajo
como el mayor de sus méritos,
que se la chupó a Bertín.

Bertín Osborne, ¡sí, sí!,
ése de casi dos metros;
ésa fue su gran hazaña,
a ése se la chupó.

Y ésa, su gran exclusiva,
su excelentísimo aval
para saltar a los medios,
¡sí, sí!

Y estuvieron dándole
sitio en programas de cháchara,
y la señorita fue
sacándose un dinerito…

Logró su objetivo máximo,
que era salir en los medios
y hacerse un hueco en los medios,
y lo consiguió, ¡sí, sí!,
gracias a su gran audacia
y a su exclusiva total.

Y se colocó, ¡sí, sí!
Estuvo de tertuliana
en una tele local…,
luego de presentadora…

Se enchufó como Dios manda.

Gracias al muy grande mérito
de chupársela al Bertín.

¡Sí, sí, sí!: ¡¡y ella solita!!

Y aún por ahí andará.

Y esto ya lo pongo yo
a modo de comentario
y de apostilla moral:

Cuando hizo lo que hizo,
¿pensaría, ¡la gilipuertas
de la Mónica Levinsqui!,
que ella iba a enseñarles algo
a las guarras españolas…?:

¿a las guarras españolas…?

Españolas guarras, ¡pocas!,
pero, a las pocas que hay…,

¿tú ibas a enseñarles algo…,
tú, Mónica…, ¡¡gilipuertas…!!?:

¡¡anda ya, cacho de idiota!!

¿No me irías a comparar
al Clinton con el Bertín,
¡eh, Mónica…!?:

¡¡anda, piérdete!!

¡Pues éste, sí, sí!, ¡pues éste!

Pues éste, uno de esos casos
ejemplares y bonitos
que en nuestra España se dan.

De una que carrera hizo
abriéndole su alma al público,
que se lo supo premiar.

Que el pudor y la prudencia
y el buen gusto y la decencia,
ésos no sacan a nadie
de la clandestinidad.

¡El Mundo es de los audaces!

"El Vaquilla" ya lo dijo.

Y el "Torete", y el "Falete",
y el que inventó el taburete.

Y, hoy, también, el Artur Mas.

Masuriel

"*MEMORIA HISTÓRICA.*
Psicoanálisis de la señora De la Vega.
José García Domínguez

18 de julio de 1971. Trigésimo segundo Año Triunfal. Prietas las filas e impasible el ademán, el todo Madrid hace paciente cola en El Pardo con tal de mostrar su inquebrantable adhesión al Caudillo. Antes, como siempre en la efeméride de la Cruzada, el Consejo de Ministros, encabezado por Franco, procederá a señalar con sus máximas distinciones honoríficas a los más fieles acólitos del régimen. Así, anuncia rutilante el BOE del día de autos la concesión al futuro activista de Comisiones Obreras don Fabián (ahora Fabià) Estapé de la Orden de Alfonso X el Sabio en agradecimiento por sus innumerables -que no impagables-servicios a la dictadura.

Al tiempo, el Gran Collar de la Orden de Cisneros recaerá ese año en otro ilustre catalán, don José Vilarasau Salat, que lo recibirá al alimón con el camarada José Antonio Girón de Velasco. Merced también a sobrados méritos patrios, la Orden Imperial del Yugo y las Flechas irá a parar a don Miguel Primo de Rivera. Y en cuanto a la Medalla del Mérito al Trabajo, el Generalísimo decidió premiar con ella, entre otros destacados mandos del sindicato vertical, a… don Wenceslao Fernández De la Vega y Lombán. Supremo reconocimiento a toda una vida de entrega al régimen que don Wenceslao lució con el presumible orgullo incluso en su esquela fúnebre, la que saldría publicada en la edición de ABC correspondiente al 6 de abril de 1997.

Hasta ahí, prosaica, una verdad histórica que ya exhumó en su día Santiago González. Igual que la gran mayoría de la sociedad española de la época, el padre de la vicepresidenta era un decidido partidario de la autocracia, con la única diferencia de que él lo fue más que el resto. De ahí la solemnidad institucional con que sería recompensada su militancia franquista. No obstante, eso no significa que la vicepresidenta falte a la verdad de forma consciente y deliberada al quererse heredera de un perseguido político. Y es que De la Vega, más que hija de su padre, es hija de su tiempo, tragicómico fruto de una izquierda de invernadero que, a fuerza de propaganda y repetición, ha terminado por creerse en serio el relato de su propia fantasía resistencial. 'Nuestros padres mintieron: eso es todo', rezaba, lacónico, el poema célebre. ¿Y si hubiera sido justo al revés?".

(Libertad Digital, 14/08/2009)

EL PAPÁ DE DOÑA MAITE.

¡Y con qué aplomo lo cuenta
la guapísima señora!,
¡y con qué aplomo y qué pasmo!

¡Sí, sí!, la señora Maite,
nuestra Vicepresidenta,
que otra vez he de nombrarla.
¡Y con qué exquisito tacto!

La gran "Medalla del Mérito al Trabajo"
que a su venerado padre
le obligó, ¡¡sí!!, a aceptar
Franco, el cruel dictador,

el hombre perverso y malo
que ahorcó a tantos carpinteros,
se comió a tantos albinos
y repartió tantas hostias…,

-eso que niegan, ¡¡fanáticos!!,
el César Vidal y otros
que igual de desaprensivos-

¡y con qué exquisito tacto!,
repito, lo cuenta hoy ella,
haciendo eso, ¡la pobre!,
lo: "de tripas corazón".

Porque fue Francisco Franco,
¡¡sí, sí!!, él fue quien lo puso
al papá de doña Maite,
a don Wenceslao Fernández
y de De la Vega y Lombán,
en la lista de agraciados,
¡que se sepa!, ¡¡que se sepa!!

Pero en contra, ¡¡y muy en contra!!,
de su férrea voluntad;
para hundirlo y humillarlo.

Y él, ¡el gran don Wenceslao!,
él fue el que la recibió
-la medalla-, en un gran gesto
de humildad y aplomo máximos.

La "Orden del Mérito en el Trabajo,
Categoría de Plata
con Ramas de Roble": ¡ésa!

¡Ah!, y otra al "Mérito Civil",
¡que ya iban dos!, ¡vaya trago!

Las dos, "por merecimientos",
según dicho oficialmente,
pero eso a él, ¡¡nada!!, vamos;
las aceptó por talante
y por pura educación.

Y, hoy, su hija, noblemente,
lo dice a los cuatro vientos
cada vez que viene al caso.
Lo ha dicho ¡hasta en Paraguay!
¡Orgullosa de su padre!,
por el valor que él le echó.

Que hay que ver lo que hay que echarle,
¡los cojones que hay que echarle!,
para pararse a coger
algo que te diera Franco,
el dictador cabronísimo.

Y los que echarle, ya digo,
hoy, para querer contarlo.

Después del montón de tiempo
que eso pasó, ¡¡que hay que echárselos!!
Y con el cargo que hoy tiene.
Y la clase. La señora.

¡Pues nada!, pues doña Maite,
que siga usted disfrutándolo
el grande honor que, ¡¡a la fuerza!!,
hubo de aceptar su padre.

Y cuente con mis respetos
por recordarlo y contárnoslo
con el orgullo que lo hace
y la dignidad que lo hace.
¡Que eso aquí no hay quien lo haga!

Y es que esto a mí me emociona.
Que usted, igual no lo sabe,
doña Maite, igual que no…,
pero es que su padre y yo…,
su padre y yo…, es que estábamos
juntos, haciendo la Mili,
y juntos, bajo la bota
del tirano esquizofrénico,
soportamos, resignados,
¡¡tanta!! horrorosa ignominia…,
como ¡¡tantos, tantos, tantos…!!

Bueno, exceptuando al Fraga,
que ése ¡se lo pasó pipa!
Aunque ahora él no se acuerda
porque ya está chocheando.

¡Pues eso!, pues lo de siempre:
"una oración por su alma".

Por la de su padre, ¡claro!

Masuriel

El Rafita
Delincuencia televisiva.
Cristina Losada

Pronto, la administración de justicia será reemplazada por un sistema más sencillo. El engorroso procedimiento judicial se dilucidará del mismo modo que la elección de candidatos a Eurovisión. En un plató televisivo, por riguroso turno, los presuntos delincuentes y sus víctimas, y los espectadores pronunciarán sentencia vía sms. Tal es la espantosa visión que he tenido al hilo de la entrevista en Telecinco a uno de los asesinos de Sandra Palo. Presentado en su hogar, pobre y 'desestructurado', el criminal explicaba cuán dura es su vida, se declaraba inocente y pedía perdón. Una víctima de las injusticias sociales, que para más se arrepiente. Natural que, conmovido por el testimonio, Pedro Piqueras señalara la falta de generosidad de la otra parte: 'pero la madre no parece muy inclinada a perdonar'. No hay duda de cuál es el veredicto televisivo.

En tiempos, la canallada periodística consistía en acudir a la casa de la víctima de asesinato y arrancar unas lágrimas a la madre, instante que se aprovechaba para la fotografía. Eso sería hoy juego de niños. La deontología de nuestros días prescribe ir a casa del criminal, ablandarlo con zalemas y algo más consistente, y escuchar con ternura y afecto cuanto quiera comunicar al mundo. Sin forzarlo, que el pobre ya lleva encima lo que lleva. Todo con tal de levantar unos puntos de share. Pero el indecente episodio representa algo más, por sintomático. Se ha convertido en ortodoxia cultural la quimera progresista según la cual fue la sociedad, y no El Rafita y sus colegas, quien secuestró, violó, torturó y asesinó a Sandra Palo. De ahí que se victimice a los criminales y se criminalice a las víctimas.

De aquella subcultura de los sesenta que llegaría a ver en los delincuentes a una disidencia frente a un orden social alienante y criminal, él si, destilan las creencias que se han vuelto dominantes. Hay una fascinación secreta, y no tan secreta, por la violencia criminal y una desorientación moral que impulsa a exculpar y hasta a identificarse con quienes la practican. La elevación de El Rafita al Olimpo televisivo merecería, en países con una sociedad civil, las únicas sanciones que el negocio entiende: la pérdida de publicidad y audiencia. Me temo que no caerá esta breva".

(Libertad Digital, 16/02/2010)

"EL RAFITA", EN LA CALLE.

Esto primero lo dice
uno que es amigo mío,
y yo aquí en versos lo plasmo.
Bueno, amigo, pero poco.

Y esta vez sobre "El Rafita",
el violador y asesino
de la ingenua niña débil,
desamparadita y sola,
Sandra Palo, hace ya años:

"Ése que ya edad de hombre,
aunque ¡¡¡nunca!!! será un hombre,
ése, ¿cuando la violó
y la vejó y la humilló
y la quemó y la aplastó
era, -dicen-, un menor
de edad…, que ¡¡¡jamás!!! fue un niño…:
¿un niño ese violador
asesino y sanguinario?".

Y, mi amigo, ya, ¡encendido!:

"¡Pues a ése habría que ahorcarlo!,
¡¡ahorcarlo!!, ¡¡y san seacabó!!".

Y yo, desde la prudencia,
pues es lo que ahora aclaro:

Pues eso que hoy se cuenta
en todos los medios públicos
que "El Rafita" está en la calle
en "libertad vigilada",
pues eso es un grave caso.

Que, ¡hombre…!, que no vaya a ser
que le pase algo, o algo,
o que alguien le haga algo.

Y lo que es, es lo que es,
y es lo que yo ahora digo,
que yo quiero ser pragmático:
¡lo que es, es lo que es!

Y es esto: el pobre "Rafita"
fue sólo un atrevidillo,
fue sólo un traviesillillo
al que se le fue la mano,
pero, ¡vamos…!, sin querer…,
y que, en el fondo, otra víctima.

¡Del Sistema, del Sistema!,
¿de quién, si no, lo iba a ser?:
víctima de este Sistema
corrompido y putrefacto.

¿Que podría haber estudiado
como otros niños como él?:
¡pues sí!, pero no estudió,
ni ¡en su vida! cogió un libro.

¿Que podría haberse puesto
a trabajar como otros?:
¡pues sí!, pero no se puso
a aprender ¡nada de nada!

¿Que podría a la Música
como muchos cuando niños?:
¡pues sí!, pero ¡ni una pizca!
de buen gusto ni de oído.

¿Que podría a pintor…,
o a escultor…, o a tallista…?:

¡pues sí!, ¡pues sí!, pero no,
tampoco fue en nada de eso
en lo que él su instinto básico.

Él, lo suyo: hacer el vago,
blasfemar, robar, fumar…,
engañar, avasallar…,
violar, asesinar…,

todo el día soltando tacos…:

¡lo que llevaba en la sangre!

Pero, en el fondo, una víctima,
repito, otra pobre víctima
de este Mundo desquiciado.

Por eso yo, cuando veo
que lo ponen como un trapo,
como lo pone mi amigo
-bueno, amigo, pero poco-
pues me parece muy mal,
porque el chico es un noblote,
en el fondo, ¡un pobre diablo!

Y que lo que necesita,
pues es eso: comprensión.

Y terreno por delante
para que vaya aprendiendo,
eso, poquito a poquito,
a ser bueno y aplicado.

Y cariñoso y meloso.

Y vaya él comprendiendo
que tiene que ir tranquilito
por la vida, y sin violencias.

Y no asesinar a niñas
o, cuando se tercie, niños;
ya, no asesinar a nadie;
que él vaya dándose cuenta.

Pero necesita tiempo.
Que es lo que siempre ha tenido,
que yo, sí, lo reconozco,
pero, además, voluntad;
que, de eso, sí, sí, algo escaso.

¡Pero está aprendiendo mucho!

Y en la calle está aguantando.

Ya hasta se ha arrepentido
y un pucherito de pena.

Que lo ha pasado ¡¡tan mal!!,
y ¡¡tan mal!! lo está pasando...

En la calle, que ¡qué cruz!
tener que estar en la calle
porque las autoridades
-algún juez de ésos, neurótico-
así lo ha ordenado.

¡En la calle!, que ¡qué rollo!

Y tener que robar coches...,
y tener que robar tiendas...,
y tener que robar máquinas...,

y por ahí siempre fugándose
con los policías detrás...

¡Caramba!, que esto no es vida,
¡jolines!, que esto no es válido...,

¡que van a volverlo loco
a ese pobre diablillo!,
¡al "Rafita", sí, al "Rafita…"!,
¡a ese humilde ser humano!

Y que lo que siempre digo:
que expuesto a que cualquier día
salga un amigo de Sandra,
o salga el padre de Sandra…,
o su madre…, o algún primo…,
o algún vecino inconsciente
que quisiera a aquella niña…,

¡y se le vaya la mano…!,

y a este inocente, al "Rafita",
lo agarre a por el pescuezo
y se lo deje, el pescuezo,
como el cuerpo de un bolígrafo.

¡Al "Rafita", sí, al "Rafita"!

Y haga lo que el inconsciente
de mi atolondrado amigo
dice él que habría que hacer.

Que éste, un País de cafres,
y aquí hay mucho vengativo
y mucho exacerbado.

Pero, en fin; es lo que hay.

Habrá que echarle paciencia,
y aguantar el aguacero.

Ya digo: un País de histéricos.

Y, mi amigo, un ejemplar
de los de notable alto.

Masuriel

Y lo siguiente, la versión libre de otro hecho real
y auténtico y verdadero que llegó a mis oídos
hace ya tiempo, y que modificaba un poco lo que
nos habían contado siempre los Curas.

Y, la verdad, esta versión yo, la verdad,
la encontré más creíble y más lógica.

Y éste se lo dedico a mi querida hermana Pepita,
que es muy piadosa y muy de Misa ella.
Con todo mi cariño.

EL SACRIFICIO DE ISAAC.

Y cuando el Padre Abraham
ya fue a clavarle el cuchillo
a su hijo Isaac
obedeciendo las órdenes
que Dios a él le había dado
para, su fidelidad
y su obediencia, Él probarlas…,

¡¡y cuando ya iba a clavárselo…!!!,
una voz:

      "¡¡Detente, Abraham!!,
no mates a tu hijo Isaac…,
que ya veo que Me has mostrado
tu inquebrantable obediencia,
y ya Me siento halagado.

Coge ese cordero de ahí,
ya que el altar está hecho,
y clávale a ése el cuchillo,
y el solemne sacrificio
ya lo estará realizado,

y Yo te bendeciré".

Y Abraham, oyendo aquello,
obedeció '¡ipso facto!',
y empezó a quitar las cuerdas
de los pies y de las manos…,

y mientras que aquello haciéndoselo,
Isaac, por lo bajini,
se iba diciendo a sí mismo:

"¡Caray!, ¡jolín!, con mi viejo:
si no llego a ser ventrílocuo…
¡¡me hace polvo a machetazos!!".

"¡Vamos!, que éste va al asilo
en cuanto empiece a chochear,
y yo herede su bastón,
que ésta ¡¡sí que se la guardo!!".

…

Bueno, este cuarteto último
es de mi imaginación,
ya influida y matizada
por el tiempo que ha pasado.

Que, ¡vamos!, hoy día, Abraham,
nuestro Gran Padre Abraham,
no en un asilo, ¡no, no!:

por hacerle eso al chiquillo…,

hoy en día, el Abraham,
¡¡en Alcatraz o en Guantánamo!!

Masuriel

22

El destino es el destino. Y el mío es el mío.
Y ella nunca podrá ni imaginarse lo orgulloso
que yo estoy de ella…, ¡pero…!

La siguiente es una de las historias, ésta sí propia,
que yo siempre recuerdo emocionado,
y casi siempre acabo con lágrimas en los ojos.

EN UNA TERRAZA DE VERANO.

Esto ocurrió el tres de Agosto,
el domingo tres de Agosto
del Dos mil ocho.

Esta vez,
salían en "La Primera",
en aquel momento, dando
una noticia dramática,
y mi Mercé y yo viéndola:

En Villanueva de la Serena,
provincia de Badajoz,
una esposa, sexo hembra,
de cuarenta y siete años,
¡¡¡seis veces!!! por su ex marido,
había sido apuñalada.

Mejor dicho: su ex marido
le había propinado, o dado,
a ella ¡¡¡seis puñaladas!!!

Aunque, ¡no!, no la mató.

No la mató ¡de milagro!,
pero ¡no!, no la mató.

Bueno, ¡de milagro!, no.

No la mató, porque un hombre
que estaba allí, en otra mesa
de allí, en la misma terraza,

uno de los que sentados
tomándose alguna cosa,

ese uno se levantó,
y, al agresor, le atizó
un silletazo en la espalda.

Eso: para defenderla.

Y, el agresor, el que estaba
liado con el cuchillo
pegándole puñaladas,
ése, pues eso: huyó
con el rabo entre las patas.

Huyó, y no la mató.

O eso: no la remató.

Un cuchillo ¡bien hermoso!,
se ve que, el tío, lo llevaba,
y lo hincaba a cosa hecha.

Esto es lo que dando estaban.
Ya lo digo: en "La Primera".
Y mi Mercé y yo, atónitos.

Que, claro, pues estas cosas,
estas noticias de España,
y ésta que cito concreta,
te sobrecogen un poco,
por más que uno acostumbrado.

Y "La Primera", es ¡¡la rehostia!!
dando noticias dramáticas.

Te sobrecogen un poco,
repito, te intranquilizan.

Y el ánimo te lo alteran,
y te hacen tener reacciones,

y te hacen decir palabras
que, por regla general,
no te habrías ¡ni imaginado!
que de tu boca brotaran.

Aunque esta vez no fui yo
quien aquí perdió la calma,
no fui yo quien la perdió;
esta vez fue mi mujer,
mi compañera del alma.

Es que ella tiene sus cosas,
¡sí, sí, sí!, tiene sus cosas,
¿para qué voy a negarlo?

Y, en esta ocasión, me suelta,
muy suelta y muy autoritaria:

"¿Y qué: sólo un silletazo
le dio un hombre a aquel ¡¡salvaje
criminal…!!, al del cuchillo…?,
¿y qué: no había allí más hombres…?".

Se ve que quería decir
que a aquel ¡¡bruto indeseable!!
que acuchillando a una pobre
mujer, allí, ante sus ojos,
tenían que haberse liado
más hombres, ¡¡¡todos los hombres!!!,
¡¡¡todos los hombres de allí!!!,
¡¡¡todos los que allí estaban!!!,
a silletazos con él,
y haberlo hecho ¡¡¡papilla!!!
allí mismo.

¡¡¡Y aplastarlo!!!

Defendiendo a la mujer
que herida de muerte estaba.

"¡¡¡Machacarle la cabeza
y los riñones y el páncreas!!!".

Mi mujer, es que es un caso.

Es buena, pero ¡es un caso!

Ella es que, al que hace daño,
ella, a ése, lo agarraba...,
y lo hacía ¡¡¡picadillo!!!,
a ése, ella... ¡¡¡lo trituraba!!!

¡Ella! Y sobre todo, al ¡¡¡bestia!!!
que a un niño daño le haga.

Que esta catalana mía
es un poco visceral
y es un poco acelerada.

Pero, en fin, así lo es ella,
y así he querido aceptarla.

"Pero... en este caso, hombre...,
-yo le quise matizar
para un poco sosegarla-,
en este caso en concreto
que da la televisión...,
de esa señora, ex esposa,
que ese señor le metió
al cuerpo ¡¡¡seis puñaladas...!!!,

¡hombre...!, en este caso..., ¡hombre...!,

¡a ver…!: ya era una señora
mayor…, ¡a ver…!: ya tenía,
decían…, ¡cuarenta y siete…!,

era ya bastante vieja…,

¡era ya una viejarranca…!,

y, ¡hombre…!, pues ya no es tan grave,
y, ¡hombre…!, ¡no era para tanto…!

Y, ¡además!, creo que fumaba…".

¡No!, de nada me sirvió
mi matización juiciosa.
Ella siguió con su rabia.
Diciendo lo que diciendo.

Y a mí no me dio dos hostias
porque me puse a fregar
los platos, y a recoger,
y así me quité de en medio.

Que, en fin, ¿qué le voy a hacer?:
me ha tocado esta mujer,
y mi suerte ya está echada.

"Con lo bonito que es,
trato siempre de decirle
¡por su bien!, ¡que es por su bien!,
ser pacifista y tranquilo…,

y dejar que los demás,
si se matan, ¡que se maten…!,

que, ¿¡qué más da!?, que ¡allá ellos…!,

y no apiadarse ¡¡¡de nadie!!!,
y no dolerse ¡¡¡por nadie!!!,
y no ayudarle ¡¡¡a nadie…!!!,

¡con lo bonito que es eso…!".

Pero, ¡no hay manera!, ¡¡nada!!

Ya digo, ¿y qué voy a hacerle?:
resignarme y aceptarla
como Dios la ha hecho a ella.

Mi Mercé maravillosa
tiene un pronto ¡¡tan violento!!
y unas reacciones ¡¡tan bárbaras…!!

Masuriel

("El Mundo", 09.04.2009)

"DE LA SEGUNDA CASA AL COMEDOR PARA PARADOS.
La clase media que vivió más allá de sus posibilidades vuelve a la realidad de la pobreza.
*… La melena de Mari Cruz está coronada por unas gafas de sol de diseño, el recuerdo de una época que ya es pasado. '**Mis padres lo tuvieron mejor'**, lamenta mientras pone un plato de cerdo en su azulada bandeja de plástico. Se encuentra en el primer comedor municipal abierto en Móstoles para ayudar a un ejército de personas que están en paro. Hace un par de años no se imaginaba en esta tesitura.*
"Si lo llegamos a saber…" *Madre de tres hijos, ex empleada de una empresa de catering, come con otros despedidos, muchos de ellos inmigrantes ecuatorianos y rumanos que perdieron su empleo….*
A punto de cumplir los cuarenta, Mari Cruz y su marido Antonio solían comer cada semana fuera de casa, aunque la diferencia era notable: cenaban en restaurantes. Hundidos por la crisis, como otros cientos de miles de hogares….
*Están al borde de la pobreza, **umbral que la Unión Europea sitúa en ingresos de menos de 550 euros por cabeza.** Su subsidio por desempleo es de…*
*…quiere un futuro mejor para sus hijos…, … o al menos que permanezcan en el colegio hasta completar su formación algo que contrasta con los informes de la Organización para la Cooperación y el Desarrollo Económico: **España es uno de los países con las más altas tasas de abandono de cualquier país desarrollado,** uno de cada tres alumnos en España no finaliza la enseñanza obligatoria a los dieciséis años.*
'Este lugar no es la respuesta, necesitamos trabajos', lamenta…
Por si fuera poco, el futuro es menos alentador que el presente. El pago de muchos subsidios por desempleo acabará, dejando en la pobreza a mucha gente acostumbrada a un tren de vida insostenible.

'La crisis está teniendo un efecto devastador…'.
'El resultado será el aumento de la delincuencia…'.".

¡¡FUERA LOS AGOREROS!!

¡¡Sí, sí, sí, si!!, ¡¡fuera, fuera!!

¡¡Otra vez los agoreros!!

¡¡Fuera, fuera!!, ¡¡que se vayan!!

Y que nos dejen tranquilos,
y que nos dejen en paz,
que aquí ya no los queremos:
¡¡a la rúa!!, ¡¡a hacer gárgaras!!,
¡¡a la caca!!, ¡¡a pastar!!,
¡¡a soplar braseros, hombre…!!

¡Decir que España va mal…!,
¡que nos estamos hundiendo…!

Y que la culpa, aquí, ¡¡¡toda!!!,
del de las cejas en pico…,
¡otra vez! del de las cejas…

Con la carita de pánfilo
y la carita de vaina
y la carita de simple
y la carita de adufe,
y la carita de estulto,
y esos ojos de mochuelo…

¡¡Que se vayan a tomar
por saco, esos sinvergüenzas!!
que se ceban en insidias
contra el Presidente electo,
dechado de facultades
y hombre de honor y palabra.

¡¡Que se vayan a la mierda!!

¡Que la culpa es del Aznar!,
aquí la tiene el Aznar,
la culpa de todo esto.

Ése, el que toda la culpa,
¡¡¡toda, toda, toda, toda!!!

Por meternos en Irak.

¡¡¡Lástima!!!, que no esté tieso.

Bueno, es que yo…, es que me pongo
cuando leo ciertos periódicos…

Perdónenme que me excite,
pero es que a mí, ya lo digo,
es que me comen los nervios
cuado veo que se hacen públicas
cosas así como ésas
que he apuntado como ejemplo.

Ya lo han visto.

                    Hoy lo traía
el diario "El Mundo", -¡hombre, claro!-,
este artículo inquietante.

Otro articulucho de ésos
que a ésos les complace más
que el rascarse en un furúnculo.

Que ¡cómo disfrutan ésos!
sacando los datos malos,
y que vete tú a saber
si lo que cuentan es cierto.

Y hoy, ¡la lata!, con los pobres
de Móstoles, ¡vaya honor!

Que, se ve, que un comedor
 "para ayudar a un ejército
de personas que en el paro"
ha abierto el Ayuntamiento,
y al hilo de esta ¡¡chorrada!!,
datos escalofriantes
se ponen a dar los tíos:
¡los de "El Mundo", los de "El Mundo"!

Que, ¡encima!, serán mentira
esos datos, ¡sí, mentira!,
falsos y sin fundamento.

Decir que España está mal…,
que al borde de la catástrofe
social…, y que ya, en Europa,
el país que ha generado
más parados, y que el récord…

Porque, hombre, que hay datos y datos;
no se debe exagerar.

Si esos parados de Móstoles,
-de Móstoles, o de otros,
pues se ve que ya ¡una pila!
de pueblos igual que Móstoles-,
si esos fulanos se meten
a comer a un comedor
de caridad…, allá ellos,
¡¡gilipollas!!!, con sus vicios.

Que, cuando saldrán de allí,
¡¡¡seguro!!!, se irán al fútbol.

Y, si no al fútbol, al bingo.
O a una playita nudista
de lujo, en donde una "fanta"
te cuesta diez u once euros.

Que yo lo sé que eso cuestan,
que me lo han contado a mí.

O se irán con los chavales
a una pistita de "karts",
y se tirarán la tarde;
¡a veinte euros la hora!,
más lo que tomen los cuatro.

O se irán a "El Corte Inglés".

Y digo yo: pero, ¡a ver!:
si ellos quieren irse antes
a comer total gratuito
en un comedor social...,
¡¡que vayan, jolín, que vayan...!!,
¿o es que aquí no hay libertad...?

Aquí, ¡¡¡mucha mala leche!!!
es lo que hay, ya lo veo.

¡Y mucho mariconeo!
Y mucho periodistucho,
y mucho redactorzucho.

Que hoy era el diario "El Mundo",
pero mañana habrá otro:

*"La clase media, en España,
vuelve a la realidad de la pobreza...".*

¡¡Granujas!!, ¡¡malasentrañas!!
¡¡quemachozas!!, ¡¡soplahuevos...!!

¡¡"Anda, y veros a segar"!!,
como os diría el gran Bono
desde dentro de su hipódromo,
o como os diría el Barreda,
mientras papeles rompiendo.

¡¡O al catre con el Zerolo!!

¡¡O a cazar con el Bermejo!!

(27.07.1967)

Y ésta fue otra de las oportunidades que yo tuve de comprobar personalmente los dos dichos aquellos:

"No hay mayor ciego que el que no quiere ver".

"¡Las vueltas que da la vida!".

¡IMPOSIBLE! ABRIR LOS OJOS.

Lo estoy viviendo de cerca,
en mi trabajo, a mi lado,
pegadito, arrimadito.

Es un militante "progre"
incondicional y típico,
que llegó a nuestra Oficina
hace ya bastantes años,
cuando el Felipe González,
y por enchufe directo
de un socialista que entonces
que en un alto Cargo Público:
¡¡un perfecto enchufadísimo!!

Un militante que, digo,
empeñado, ¡por supuesto!,
en defender "a los suyos",
después de lo que ha llovido.

Y de lo que está lloviendo.

Y que es, sin trampas ni trucos,
zafio y semianalfabeto
cultural y mentalmente,
y sin solución probable;
al menos en este siglo.

Pues este rabioso "progre",
también hoy salía, ¡el perla!,
con el eslogan sabido:

 "¿Cómo va a arreglarse nada,
si es que no ayuda el Rajoy…,
si el Rajoy no colabora,

si siempre poniendo pegas
y criticando al Gobierno…?".

Hoy, dieciséis de Febrero
del Dos mil diez, once y cinco.

Ésa, hoy, su cantinela.

La cantinela oficial.

Que es ¡¡tan bruto!! y ¡¡tan patético!!,
que ni tan siquiera cae
en la ¡tan sencilla! cuenta
de que si eso él lo dice,
lo único que hace, aceptar
que su líder, ¡su gran líder!,
su adorado Zapatero,
es un inútil sin merma,
o sea, un perfecto tontísimo.

Y yo voy y le replico:

¿No era ¡¡tan listo!! tu líder?

Entonces, ¿por qué se queja
de que el Rajoy no le ayude?,
¿no era ¡tan largo!, ¡tan suelto!,
no iba él ¡tan sobradito…!?,
¿a qué ahora esta pataleta
porque ahora no "le ayudan…",

más: "no le ayuda ¡¡¡el Rajoy…!!!"?:

¡si aquí no había problemas!,
¡si aquí el paro un bulto mínimo!,
¡si la recesión un bufo!,
¡si la burbuja un embuste!,
¡si la crisis un bulillo…!

Y si el Rajoy era un plasta
y un mantecas y un pesado
y un soplabrevas y un trepa…,

¿a qué ahora esa pataleta
"¡porque no le echa una mano…!"?,

¿pero él no era ¡¡tan listo…!!?

Pues hoy me salía con esto
este socialista auténtico,
que en su día se lucró
con un puesto vitalicio.

Que ya lo he dicho: atascado,
atocinado, ofuscado,
inconsecuente, inconsciente,
abestiado, burdo, cínico…

¡¡¡Imposible!!!, abrir los ojos.

Bueno, mejor dicho, ¡¡¡ver!!!

Como ¡¡¡tantos!!!, en España.

Por más que ¡¡tan cerca!! el fuego,
y que quemándose vivos.

                                        Masuriel

La siguiente crónica, por desgracia, ya está desplazada en el tiempo. Fue que tras las elecciones de Noviembre del 2010, ya cayó el famoso "Tripartito" y todo se fue al garete, que ¡qué pena!, y cambiaron las circunstancias, y la protagonista tuvo que replantearse la vida y su vertiginosa actividad laboral, y ya le perdí yo el hilo… Pero, en fin; sirva de recordatorio de una vida ejemplar de una mujer que existió y que, sin duda, será recordada durante muchos años.

Yo empezaba mi crónica, en aquel momento:

"Tras la detención a mediados del Dos mil nueve del Alcalde de Santa Coloma de Gramanet por sus trapicheos, la gente se ha animado a tirar del hilo, y han salido otras tonterías de otros personajes públicos de nuestra Cataluña. Y se ha llegado hasta el muy honorable señor Montilla; mejor dicho, hasta su muy honorable esposa.

Todo expuesto por la Internet, y argumentado.

Y nadie lo ha echado para atrás, hasta hoy. Que yo sepa".

LA ESPOSA DEL MUY HONORABLE.

Hoy podemos empezar
dándole otro repasito
a cosas interesantes
de la vida cotidiana.

Hoy, por ejemplo, centrándonos
en un perfil ¡muy importante!:
el perfil ¡impresionante!
de la, en nuestra Cataluña,
su primerísima dama.

Hoy podemos recrearnos
dándole una pasadita
a las mil tareas que hace
doña Ana Hernández Bonancia,
la que muy dilecta esposa
del que es el señor Montilla.

Señor, no: muy gran señor,
perdóneseme el desliz.

El que llevado al Partido,
al PSOE catalán,
a donde ¡nunca! soñaran.

Pues vamos a hablar de ella;
centrémonos hoy en ella,
a ella hoy nuestra mirada:

Aparte de ama de casa
sobria, frugal y económica,
también echa una manita
la abnegada doña Ana.

Que, hoy, ¡a trabajar los dos!,

pues los tiempos muy difíciles
con esta crisis tan mala.

Que, claro, con sólo un sueldo,
el de su esposo…, ¡pues eso…!,
llevar con eso una casa…,
¡con una pila de niños…!,
que hasta mellizos…, pues eso:

tiene que echar una mano,
para ver de subsistir
y sobrellevar la carga.

¡Y la echa, y la echa!

Noviembre del Dos mil nueve.

Colgado en la Internet,
y eco en otros medios varios,
se hacen públicos los cargos
que nuestra honorable dama,
-dama, no: primera dama-,
desempeña, o desarrolla,
a la par que ejerce el mando
de su hogar, o sea, su casa.

Y dicen que bien testados,
y dan señas electrónicas
para quien quiera testarlo.

Y hacen esta escueta lista
de las cositas que hoy hace
doña Ana Hernández Bonancia:

Primero: es la Regidora
de Urbanismo del que lo es
un pueblo allegado y próximo,
el de San Justo Desvern.

Segundo: es la Primera
Teniente de Alcalde fáctica
en el mismo Ayuntamiento.

Tercero: es la Presidenta
de PROMUSA, una empresita
a obras públicas ligada
allí, allá, en Santa Coloma,
aquel pueblo tan nombrado
últimamente, y tan típico.

Cuarto: y también se entresaca
tiempo ella para ser
la gerente del Consorcio
de la que es "Colonia Güell".

Quinto: y de cosas agrarias,
o sea, del campo y demás,
también ella es Consejera
del "Consorcio Parque Agrario"
que hay en el "Baix Llobregat".
Que financia y promociona
la que es la Diputación,
¡sí, sí!, la de Barcelona,
no iba a ser la de Beirut,
ni iba a ser la de Rabat,
ni iba a ser la de Camberra.

Sexto: y también Consejera
de Fomento, que aquí dicen
"Ciutat Vella". Esto también
va por la Diputación.

Séptima: ¡ah!, y Consejera
de "Concesionaria, S.A.",
la que explota y administra
el que es "Túnel del Cadí".

Octavo: ¡ah!, y Consejera
de "Comisión Catalana
de Tránsito y Seguridad Viaria".

Noveno: ¡ah!, y esto sí
que es ¡la rehostia!, ¡sí que lo es!:
¿saben de qué es Consejera
también esta inmensa dama
abnegada, sobria y fina?:
¡¡¡pues del Barrio de la Mina!!!,
ése de San Adrián
del Besós, en Barcelona,
atestado de mangutas
y atestado de drogatas.
De ése, precisamente.
Que, contando yo estas cosas,
ya, ¡se me saltan las lágrimas!
¡Pero sigamos, sigamos!

Décimo: y es Delegada
del "Àrea de Infraestructuras,
Urbanismo i Habitatge",
que es de la Diputación
dicha, la de Barcelona.

Undécimo: y Consejera
de "La Caixa". ¡Hombre, lo mínimo!

Duodécimo: y Consejera
del Consejo Comarcal
del Llobregat, el bajito.

Décimo tercero: y es
Vocal del ya muy famoso
"Consorci Sanitari Integral".

Décimo cuarto: y también
Vocal de la "Fundació

Caviga". Esto, francamente,
yo, ya, ni sé lo que es,
pero será algo importante
para que ella allí vaya.

Y, ¡¡final!!: *¡¡Décimoquinto!!*:
Y Consejera en el "Área
de Salut" -que aquí se dice-
del Área Metropolitana
-claro está- de Barcelona".

¡Y fin!, y no hace más nada.

Pues toda esta retahíla
de cargos y obligaciones
la ha sumado en una página
algún fulanete anónimo,
o alguna oculta pandilla,
y andan por ahí largándola,
y queriendo que se piense
que esta señora metida
de mangoneo ¡hasta las trancas!

Y ha llegado hasta mis manos.
Y me he puesto al comentario
por pasar el tiempo en algo,
no por sumarme a la causa.

Que yo, de rollos, ¡ninguno!,
yo, de chismorreos, ¡nada!

Que de sacar trapos sucios,
trapichueos particulares
y corruptelas políticas,
mi menda de eso ¡pasa!

Que eso está muy feo, ¡jolín!,
y eso daña la armonía
y la convivencia daña.
¡Y eso está muy asqueroso!

Yo, si hoy lo pongo en mis versos,
es por sacarme del alma
el gran disgusto que tengo.

Porque ¡¡¡todo!!! una mentira,
invención de un "¡malparit!"
de los que aquí ¡a calderadas!,
¡seguro! que es sólo eso.

Y que ¡¡¡un gran bulo!!! que ella,
que la honorable doña Ana,
la fiel esposa, que lo es,
del gran don José Montilla,
esté, ¡¡ella sola!!, ejerciendo
los ¡¡¡quince!!! cargos que dicen;
todo eso ¡¡una patraña!!

Que, ¿cómo va una mujer
a hacer ¡¡¡quince!!! cosas ella...?
Ninguna mujer lo haría,
ninguna mujer las hace.

Como mucho, mucho..., ¡diez...!,
pero, ¿¡¡¡quince...!!!?, ¡vamos, anda!,
eso es una tontería,
propia de eso, ¡¡de un estúpido!!
que quiere meter cizaña
poniendo en tela de juicio
la honorabilidad
de todos los que nos mandan,
como si todos iguales,
como si igual que en Madrid.

O sea, de algún malasombra.
O sea, de algún pierdepleitos.

O sea, de algún ¡¡hijoputa!!
que se ve que se relaja
difundiendo paginitas
por ahí, por la Internet.

Como hoy está sucediendo
y yo lo estoy denunciando
con decisión y con rabia.

Quizás, porque lo comprendo,
quizás, mejor que otra gente,
pues yo ya viví en mis carnes
otra situación calcada,
y yo ya pasé lo mío.

Que a mí también me pusieron
¡hasta el moño!, eso: ¡de caca!,
con aquel dichoso césped
del "Camp Nou", y todo aquello...,

y con que si yo enchufada
por ser mujer de quien lo era...,

y con que si yo empresaria
y con tratos preferentes...

¡Menuda lata!, me dieron.

Pero, bueno, ¡no me hundieron!,
y yo sigo aquí, ¿qué pasa?

Y con lo mío, ¡¡que es bien mío!!

Y mi Jordi pensionista,
y mis hijos colocados

en el SOC y en otras partes
de la "Generalitat".

Y ¡¡todos!!, sus buenos sueldos.

Y aquí sigo yo, ¡tan pancha!

Como seguirá adelante
doña Ana, ¡¡pobrecilla!!,
la que muy dilecta esposa
del charneguete esperpéntico
que anda por ahí, el Montilla.

No se puede tener todo.

Pero es muy maja, ¡muy maja!

Pero, en fin, es lo que hay.

En vez de como lo que es,
hoy han querido pintárnosla
como una simple mujer
corrupta y oportunista,
pispona y trincadora,
así han querido pintárnosla.

Contando que ¡¡¡en quince sitios!!!
está…, ¡¡¡todos!!! por enchufe…

¡Cuánta ignominia, por Dios!,
¡cuánto malvado, por Dios!,
¡¡cuánta!!, la miseria humana.

Masuriel

Masuriel

Y sigo insistiendo en que ya está empezando
a resultar alarmante el ascenso de la
intransigencia entre las personas.
En estos últimos años, hasta en los países de
mayor tradición democrática de Europa
están surgiendo partidos políticos que alientan
el racismo, la xenofobia, la persecución al
raterío y al mariconeo y al tortilleo,
etc., etc., etc.

U un muy respetable personaje español
dicen que está muy preocupado por el avance
de esta imparable corriente.
Me lo han dicho a mí.

LAS FILAS DE ULTRADERECHA.

No es sólo en la Italia rácana,
ni en la Austria de los valses,
ni en la hacendosa Alemania,
ni en la Holanda en donde hacen
la famosa "margarina
Tulipán", ni lo es en Francia…,
¡no, no!, ya es en toda Europa,
que se ha encendido la alarma:
las filas de ultraderecha
atraen cada día a más gente.

Ya no son cuatro nostálgicos
ni cuatro viejales carca,
como, por ejemplo, fuera
del Blas Piñar fue en España,
¡¡no, no!!, la cosa es más seria.

Con las reglas democráticas,
se están formando partidos
que acuden a los comicios
exponiendo sin complejos
sus doctrinas, sus preceptos,
sus teorías, sus programas…,

y con ellos convenciendo,
no al típico pendenciero
ni al tópico hombre o mujer
más viejos que andar en chanclas,
sino también al votante
más cercano al biberón,
a ése también convenciéndolo.

Que la ultraderecha mala,
tan propia del ricachón
recalcitrante y cargante,

también capta la atención
de la juventud, y esto
ya es un preocupante drama.

¡¡Fatal!!, que se arrime el joven
a lo viejo y lo anacrónico,
que ¿qué estará viendo allí?

Que el joven debe ser "progre",
o sea, insolente, antipático…,
dejarse manipular…,
y no apuntarse, ¡ni a tiros!,
a partidos aberrantes,
como son los de esa traza.

¡Las teles tiene la culpa!,
yo ya lo sé: son las teles;
que en lugar de prodigarse
con secuencias y entrevistas
y espacios y reportajes
en los que quede de fondo
el subliminal mensaje
de que quien de ultraderecha
material es de psiquiatras,
en lugar de hacerlo eso,
sólo emiten magacines
y programuchos hortera,

en lugar de estarlo siempre
diciendo que las derechas
son una horda de salvajes
que capan a los idólatras,
y a los que tiran papeles,
y a los que roban vehículos…,

y ahorcan a los maricones,
dije, y a las tortilleras…,

y que quieren policías
que den hostias a mansalva…

Con estas teles ¡tan torpes!,
los jóvenes, la reserva
incondicional de siempre
patrimonio de la izquierda,
ahora ya están embobándose,
creyendo en la libre empresa,
la competitividad,
la universalidad…,

cuando el joven, ¡lo coherente!,
ser litronero, cagueta,
el amor libre, el aborto,
anti taurino, "okupa",
acogedor de inmigrantes
clandestinos de pateras
que luego por ahí tirados
trabajando con piratas…,

o haciendo la "carretera…",

y suscribirse a "El País",
y estar en todas las "manis"
bajo el lindo: "¡No a la guerra…!",
o el "Yo también indignado…".

Yo lo digo abiertamente
que es una torpeza táctica.
Lo que aquí haciendo las teles,
o, mejor dicho, no haciendo,
salvo excepciones escasas.

Y, ¡mal pastor!, quien consiente
tal descarrío en la cabaña.

No deberían permitirlo
los Jueces y los que mandan.

Y a los que no "progresistas",
y a los que no obedientes,
¡ni un vaso, siquiera, de agua!

Ni mayores, ni pequeños,
a todos, ¡¡leña con ellos!!,
que son unos piezas malas.

Y acosarlos con ahínco,
machacarles las cabezas,
porque son muy vengativos
y adoran la silla eléctrica,
y siempre con su manía
de acabar con mano dura
con los como el Rubalcaba.

Que ¡qué idea de libertad
tienen los gentuzos ésos!,
que ¡qué lejos de los lemas
del gran Lenin!, aquel místico.

Por eso, ¡claro!, se explica
que en la mantecosa Holanda,
y en la Francia follonera,
y el la Austria de "Los Trap",
y en la aplicada Alemania,
y en la aún más mafiosa Bélgica,
y en la Inglaterra ofuscada…,
la ultraderecha, ¡en las nubes!

Y que haya, junto a los viejos,
jóvenes ¡¡a punta pala!!

¡Qué fallo, joder, qué fallo!

Que la ultraderecha huraña
se esté adueñando de Europa.

Es que, a mí, ¡me da una rabia…!

Y, en fin; voy a terminar,
que tengo ya el cuerpo en vilo;
éstos de la ultraderecha
ya son peor que una plaga.

¡Ya verás, ya!: si a currar
me van a poner ahora,
con lo bien que yo ahora vivo
sin darle ni un palo al agua,
tele arriba y tele abajo,
conferencias por un tubo,
-¡dinerito que me embolso!-,
cartas de "hijo predilecto",
doctores "Honoris Causa…".

¡¡Por Dios…!!, que la ultraderecha
no siga llenando estadios,
ni siga llenando parques,
ni siga llenando canchas,
que ésa es capaz de cargarse
a la izquierda nobilísima
que mandando está en España.

Si aquí, ¡hasta el Rey contentísimo!
con esta izquierda buenísima.

Bueno…, y yo…, porque soy viejo…
Si a mí más joven me pilla…,
como cuando en Paracuellos…,
si a mí me pilla más joven…,

¡pillo yo una bomba yo…!, y ¡bueno!,
pillo una bomba…, y no dejo
ni a un títere con cabeza.

Que yo, a las buenas, ¡muy bueno!,
¡pero como yo a las malas…!

Masuriel

27

Y las de la siguiente señora también trajeron
lo suyo en aquel momento.
Trajeron, de escándalo.

Y yo pongo aquí mi entera confianza en que
esa señora tendrá buen sentido del humor,
y más aún ahora que aún más arriba de la
cumbre,
y en la que ella aún sabrá entender aún mejor
mi humilde y modesto mensaje.

Y doy por supuesto que esto no hace falta que
lo sitúe en el tiempo.
Estarán en la mente de todos.

Que ¡menudo revuelo armaron...!:

LAS FOTOS DE DOÑA SORAYA.

A veces se crean polémicas
triviales, tontas, banales,
absurdas e innecesarias
en este País de necios,
pasmados, tontos, cerriles,
sorroclocos y majaras.

¡¡La tira!! de días pasados,
¡¡la tira!! después de hacérselas,
y todavía recordándoselas
algún puritano carca.

Y poniéndola, ¡a la pobre!,
pues eso: ¡de vuelta y media!

Que, ¡a ver!, señora Soraya:
usted se hizo la foto,
o usted se hizo las fotos
en las que medio en pelotas
en términos relativos,
y en las que en paños menores
en descripción matemática,
porque le vino en capricho,
porque le salió del chichi...,
¡porque le dio a usted la gana!,
¿¡está claro!?,
                    ¿y pasa algo...?:
¿no era su cuerpo?: ¡pues eso!:
pues, con él, ¡lo que le plazca!

Y le plajo, y, pues, ¡lo hizo!;
lo hizo y, ¡san se acabó!

¡Que se vea que está estupenda!

Que la vea que está ¡¡estupenda!!
el Pepiño Blanco, ¡y sufra!

Y si no puede aguantarlo
cada vez que ve la copia
que él la lleva en su cartera,
pues que se meta en el váter,
y se haga una solitaria.

Si él quiere; y, si no, ¡allá él!

Si él no quiere que el su instinto
laico lo estimule al límite
una moza ¡¡divinísima!!
como usted, -que ¡qué vergüenza!,
de la Derechota rancia-,
¡que siga con su "Play Boy"!,
siga con su "Zipi y Zape"
y con su "Roberto Alcázar".

Que, usted, en su foto, ¡¡espléndida!!,
créame usted: ¡¡estupenda!!

En su pose relajada…,

con sus senos rebelándose
con insolente turgencia…,

con sus piernas torneadas,
limpísimas y blanquísimas…,

y ese pie como un delfín,
-por cierto, de buena talla-,
y esas manos palomíticas…

Hasta esa naricita
que, en vivo, algo contrahecha,
¡hasta ésa quedó bien!

O ¡perfecta! retocada.

O sea, señora Soraya,
que usted, en su foto, ¡¡espléndida!!

Quien quiera ponerle pegas,
quien juegue a ponerle faltas,
pues eso: un semi impotente
forofo del "Milikito"
y obseso del "Tres en raya".

O eso: una cruel practicante
del feminismo a lo Almeida.

O un colegí del Bosé.

O un fan de Rosi de Palma.

O sea, señora, que, usted,
que usted, ¡a pasar de todos!,
y usted, a hacerse las fotos
como a usted le guste, ¡¡y punto!!

Y al que no le gusten: ¡¡aire!!

¡¡Un pedo!!, quiero decir.

Ahora, señora Soraya,
yo, eso sí, una sugerencia
me atrevería yo, ¡eso sí!

Sin mala intención ni nada;
yo, a usted, con todo el respeto.

La próxima foto suya,
la próxima que se haga,
sáquela usted en "El Mundo",

en "El País", "La Razón",
el "ABC…", donde quiera;
en donde quiera, usted sáquela.

Todos se la pagarán
sin problemas, ¡faltaría!

Y hasta un poquito más sexi
que ésta de tanta polémica.

Expláyese usted a gusto;
la compra, garantizada.

Lo único que, y lo repito,
es darle una sugerencia,
que espero que no le ofenda
a usted, ni a usted le incomode,
ni le resulte antipática.

Yo creo que es que fue lo único,
¡lo único! que le faltó
la vez anterior, sólo eso,
¡lo único! que no hizo:

decir que lo que usted cobre
por su esta otra foto ¡¡espléndida!!,

por ésta que se va a hacer,

lo que usted cobre por ésta
lo donará, ¡¡¡entero!!!, a "Cáritas".

Para que coman los pobres
que, hoy en día, a sus comedores,
acuden por oleadas.

Diga usted esto, señora.
Dígalo, y hágalo.

Y luego
disfrute viendo el careto
de envidia de la Maleni,
de la Salgado, la Leire,
la Trini, la De la Vega,
la Sonsoles, la Bibiana,
la Valenciano, la Aído…

Que la envidia es ¡¡remalísima!!

　　　　…

Pues, ¡nada, nada!, ¡lo dicho!:
que un poquititín más de tacto.

Y de astucia.

Y picardía.

Y de genio y mala baba.

¡Si no le va de unos miles…!

Y esto es todo por mi parte.

También yo un momento al váter,
porque yo, ya, imaginándomela.

Y perdone mi osadía,
señora, y mi atrevimiento.

¡Gracias!, señora Soraya.

Masuriel

¡Ah!, y otra foto histórica: la de las niñas del
señor Rodríguez. Otro acontecimiento que me impresionó
tanto, que hasta llegué a ponerla en la portada de otro de
mis divertidos libros.

Yo la tomé del "Libertad Digital", que la publicó el día
25 de Septiembre del 2009, haciéndose eco de la noticia
de la Agencia Efe y demás, sobre el polémico caso de la
ocultación de unas fotos de las niñas del ZP y su dilecta
esposa con el Obama y la suya también dilecta.

Para poder sacarla -la linda foto- en mi crónica tuve que
recomponer un poquito las caras de las dos niñas, pues
aparecían en la prensa tapadas ex profeso, por aquello
de que eran niñas, etc., etc., pero perdóneseme la broma.

Estaban todos ¡tan lindos…!
Incluyendo las niñas…

Y este tema se lo quiero dedicar a mi muy leal
compañero y amigo Joan Carles Gil, sabiendo la
admiración y el fervor que él siente por el señor ZP.
O sentía en aquel momento.

LAS NIÑAS DEL ZAPATERO.

Bueno, eso ya era ¡lo máximo!
que habría yo querido ver
con mi ojo -el que aún funciona-,
¡eso ya sí era lo máximo!

A finales de Septiembre
del Dos mil nueve, en concreto.

Aunque se la había guardado
con maña la Agencia Efe,
ya salía en toda la prensa,
gracias a algún torpe honrado.

De España y del extranjero;
que en Cataluña también.

Yo no me habría imaginado
que a mí podría impactarme
tanto una foto tan simple,
pero me impactó ¡de plano!

Y fue que a un viaje oficial
se las llevó su papito,
a las dos y a su mamá,
y en ese viaje oficial,
pues en él, ¡claro!, se vieron
dos amigos amiguísimos
-el Zetapé y el Obama-,

y, los dos, encantadísimos,
por su simpatía, quisieron
hacerse eso, una foto
entrañable y espontánea,
como recuerdo para ambos.

Y se la hicieron, ¡sí, sí!:
el Obama, su negrita,
el Zetapé, su Sonsoles…,
y, ¡la sensación!: ¡¡las niñas!!

Las niñas, ¡sí, sí!, ¡¡las niñas!!,
¡¡las niñas del Zetapé!!,
del nuestro, del carismático,
del ¡tan querido y llorado!,

las niñas que a él le dieron
¡tantos! sesudos consejos
y ¡tantos! puntos de vista
de sabia lógica hinchados.

Pues ésas eran, ¡sí, sí!,
lo repito, ¡sí!, de nuevo.

Pues allí estaban las dos.

En la tal foto de marras
que los de la Efe quisieron,
¡¡los muy bandidos!!, robarnos,
¡¡la madre que los parió…!!

Pues allí salían las dos:
las niñas del Zapatero.
Con una pose…, unas caras…,
unos pelos…, unas botas…

Y, las dos, ambas, de negro
vestidas de arriba abajo…

La moda gótica ésa,
que, a las dos, que ¡ni pintada!

Y un gesto ¡tan natural!
en sus dos caritas níveas…,

aunque quisieran tapárselas…,

y un aire ¡tan sensual!,
¡tan dulce!, ¡tan elegante!,
delante de sus papitos
y de los dos oscuritos
que haciéndoles de anfitriones
allí, y todos ¡¡tan guapos…!!

¡¡Maravillosa!!, la foto.

¡¡Maravillosas!!, las niñas.

Yo, confieso que la tengo
hasta enmarcada y con lámpara
y enfrente a mí, en mi despacho,
para poder ir mirándola
yo sólo, y todo el rato.

La foto de esas dos ninfas
sencillas y elegantísimas:
las niñas del Zapatero,
nuestro líder carismático.

¿Y nos querían privar
los troneras de la Efe,
diciendo que: "…por respeto
a la imagen y a la intimidad
de las niñas y teniendo
en cuenta la reiterada
postura, -¡sí!, eso decían-,
de la familia al respecto…"?

¡La madre que los parió…,
¡parva de degenerados…!,
digo y repito otra vez:
¡almorranosos…!, ¡fotófobos…!,

¡déspotas!, ¡bestias!, ¡cernícalos!,
¡mangantes!, ¡buitres!, ¡chutados!

Vamos, yo, es que si los cojo…,
¡vamos!, yo…, ¡¡los despellejo!!,
al Grijelmo -el presidente
de la Agencia- y a su troupe,
por el acto ¡¡tan ruin!!
y ¡¡tan infame!! y ¡¡tan sádico!!

¿¡Mira que querer privarnos
de ver la foto entrañable…!?:

¡Qué País, Dios!, ¡¡qué País!!,
¡cada día me da más asco!

Masuriel

Y hace ya cierto tiempo también, en el Dos mil seis, unos humoristas de no sé donde sacaron unas viñetas ironizando sobre cosas de los árabes. Con muy mala leche, que todo hay que decirlo. Y lo cuento.

Y ésta se la dedico a María Ángeles Sánchez, mi vieja…
-¡¡perdón!!- mi veterana compañera de trabajo y, a pesar de ello, querida amiga. Quien se crió en Tetuán, entre los moritos, por cierto, y ella sabe de lo que hablo.
Con todo mi afecto.

LAS VIÑETAS DE MAHOMA.

No tenían ninguna gracia
aquellas burdas viñetas,
ni aquellos chistes estúpidos;
¡ni chispa! tenían, de gracia.

Los que sobre Mahoma, ¡aquéllos!:
¡no tenían ninguna gracia!

Con razón incomodaron
a los de la media luna,
y entre ellos, con razón,
se levantó la algarada.

Y con razón la advertencia
a sus autores que: o daban
marcha atrás ¡echando leches!,
o les cortaban el cuello:
¡¡gilipollas!!, ¡¡antipáticos…!!,
¿¡querer mofarse de Mahoma…!?

Cosa que no me extrañó;
que yo habría hecho lo mismo,
¡sí, sí!, ¡ya está bien de guasas!

Yo conozco a muchos árabes
bien alegres y enrollados;
yo, muchos amigos tengo.

Y ellos no se tomarían
a mal cualquier broma sana
sobre Buda, sobre Zéus,
sobre Odín…, Tutankamón…,
¡o hasta sobre Jesucristo!,
pero, ¡hombre!, ¡¡sobre Mahoma…!!

No se podía aceptar,
y eso aquí hay que comprendérselo.

Así, lo dicho, ¡bien dicho!,
y lo hecho, ¡pues de fábula!

De unos humoristas nórdicos,
creo que suecos o noruegos,
ya digo, eran las viñetas.

Y algunas, ¡¡estupidísimas!!,
¡¡hirientes!!, ¡¡bazofia mala!!

Yo sólo les vi crueldad,
como se la vieron todos
los árabes y las árabas.

Y justo, pues, que ofendidos
por bromas de tan mal gusto.

Y era oportuno, cabal
y lógico, el su cabreo.

Yo, que ya soy otro adepto
de la ¡genial! alianza
de las civilizaciones ésa
que propone el Zetapé,
pues ahora ya estoy dudando
de que pueda a buen puerto
llegar en fechas cercanas.

Por los cuatro asaltachozas
que no tenían mejor cosa
que hacer, que darles por saco,
-con perdón-, a los moritos,
en vez de irse a segar
o a escardar remolacha.

Que ésos, ¡venga chistecitos!
Y ¡todos! con un sarcasmo
y con una mala baba…

Y, ¡claro!, pues es normal,
en los moros, el cabreo,
ya lo he dicho: ¡¡cabreadísimos!!

Porque, a ver; hacerles broma
sobres sus gustos o hábitos,
o sobre sus tradiciones…,
eso tiene un pase, y pasa.

Y eso, a los que yo conozco,
-¡muchos!-, pues no les molesta;
se lo toman con buen rollo,
porque, al fin y al cabo, bromas.

Yo había visto otras viñetas
en otros sitios y medios
que ahora no vienen al caso,
en que pedían, por ejemplo,
que a sus mujeres, o esposas,
-las de los moros-, los moros,
pues el tópico de siempre:
que dejaran de tenerlas
como borricas de carga,

y, ¡hombre!, bastante mal gusto,
también decir eso así…
pero, al fin y al cabo, eso
sólo era una chirigota,
que, de paso, hacía patente
la gran desinformación
de su autor: ¡otro veleta!,
y ¡otro cabeza cuadrada!

Que, ¡anda, que pedir tal cosa
a los de la morería...!,
¡y tildarlos como bárbaros...!

¡Como si eso fuera fácil!

Pedir esa chuminada,
con la de moritas que hay
que ni saben freír un huevo...

¿¡Tendrán que ganarse el pan,
hombre...?, ¿tendrán que ganárselo...!?

Que no es tratarlas de burras:
es hacer que, por lo menos,
dejen de ser unas vagas.

Si los hombres las obligan,
en el fondo, es por su bien.

En suma, es engrandecerlas,
en suma es dignificarlas.

Para que así sean más serias
y sean más hacendosas,
y del gamberreo sacarlas.

Pues hacer chistes con eso,
ya digo, una grosería,
una torpe grosería,
pero eso: de ahí no pasa.

Y otros chistes maniqueos
también yo he visto, o leído.

Sobre que si ellos delante

de ellas, un par de pasitos
-de pasitos de camello-,
¡para que ellas no se pierdan…!,

sobre que si todos son
un poquito marranotes
porque poco el "Varón Dandi…",

o que un poco estrafalarios
porque no comen jamón,
ni morcón, ni butifarra…,

o que un poco inconsecuentes
porque no prueban el güisqui,
ni el coñac, ni el vino tinto…

o que un poco mariquitas,
porque es que entre ellos bailan…,

o que un poco pervertidos
porque a aquél al que lo pillan
violando a una mujer
lo ahorcan en una plaza…

Pero, ¡vale!, por lo menos,
esos chistes criticando
sus costumbres y sus hábitos,
tendrían un pase, ¡si, sí!;
mal gusto, sí, pero un pase.

Pero ya, cuando ese empeño
en meterse con Mahoma…,
como ese sueco tontaina,
o noruego, o lo que fuera…,

¡hombre!, eso es ya, ¡¡inaceptable!!,
eso es ya ¡¡la recaraba!!

¿Cómo quieren que se vengan,
luego, a estarse con nosotros,
a nuestro hermoso vagón
del primer Mundo, si no hay
el más mínimo respeto
con las sus cosas sagradas?

¡Caray!, que hay que comprender
que tenían que molestarse
por fuerza: ¡¡era de cajón!!

Que no eran chistes blanquitos
sobre Mahoma, ¡¡no, no!!:
eran ¡¡cachondeo auténtico!!

¡¡La guerra santa total!!,
es lo que se merecían
los granujas viñetistas
ésos del Norte de Europa
por su impresentable falta.

Porque, a lo que antes digo,
a eso sobre, a las mujeres,
darles leña y todo eso…,
yo es que ahora estoy pensando…,
que eso no sería tan fácil,
para nosotros, ¡no, no…!,
que no es decirlo: ¡es hacerlo…!

Que: ¿y si mordían el anzuelo
-que también podría pasar-,
y ellos…, y ellos propusieran,
como venganza y revancha
contra los enteradillos
que les sacan chistes feos,
que nosotros, a las nuestras,
a las que nuestras mujeres…,

nosotros, los europeos,
les tentáramos la cara,
para mejor acercar
su posición y la nuestra…?,

¿y si eso lo propusieran…?

Y…, pues…, igual no estaría
eso…, pues…, tan mal del todo…,
no estaría tan mal, ¡no, no…!

Pero, ¡a ver!: ¿cómo lo haríamos,
si nos tienen por los huevos…,
si ellas cada día más bravas?

Lo que me estoy preguntando.

Bueno, ¡sigamos, sigamos!

Y a lo que íbamos: que yo
bien el barullo comprendo
que organizaron los árabes
cuando los chistes de marras.

Nada de chistes simpáticos,
ni que sin mala intención,
ni que eran por hacer gracia:
eso eran excusas tontas.

Eran chistes ofensivos,
¡¡¡y ya está!!!, ¡¡¡y san seacabó!!!,
¡¡y se acabaron los peros!!,
¡¡y se acabaron las cábalas!!

Bueno…, si acaso…, tal vez…,
éste fue uno que escuché

y que dibujado vi…,
y a lo mejor éste sí…,
éste sí podría tener
un poquititín de pase…,
y hasta, igual, también a ellos
les chocó también, de entrada…

A ellos, ¡claro!, a los moritos,
a ellos también les chocó.

Por ser de un tema actual,
de la vida cotidiana.

Pues yo…, con todo respeto
y sin ofender a nadie,
voy a contarlo y, de paso,
le añadiré el colofón
que yo al chiste le habría puesto,
como una bromilla sana.

Sólo a este chiste, ¡y al único!,
insisto. Y sin maldad,
ni ánimo de pitorreo.

Sólo por tratar un poco
de relajar la tensión
y de rebajar el tono
de esta cuestión problemática.

Era aquél en que se veía
dibujado en la viñeta
a Mahoma, y recibiendo
a unos héroes que se habían
suicidado ellos, matando
a infieles malos y malas…,

y llegaban, como es lógico,
a la puerta del Paraíso…,

hechos todos ¡una pena…!,
la chilaba hecha girones…,
sucios, doblados, cansados,
con la lengua hasta las bambas…

Y Mahoma los recibía…

Y Mahoma les decía,
en un tono entre sarcástico
y aguantándose la risa,
ante la estampa patética
de la reata de infelices,
decía Mahoma:
                    "¡Lo siento…!:
ya no nos quedan más vírgenes".

¡Qué salida!, ¡qué guasón!,
¡qué socarrón!, ¡¡mala leche!!,
tenía también el Mahoma…

Iba a decir, ¡¡pero no!!,
¡me lo callo!, ¡me lo callo!,
yo, la boquita cerrada,

vayan a tomarme a mí
por un finlandés o un sueco
calumniador y bandarra.

Yo, con mofa no lo trato,
ni con mala educación;
a Mahoma, me refiero.

Yo hago mención sólo al chiste
por parecerme ocurrente;
aquel chiste que, ya digo,
yo vi puesto en una página.

¡Ocurrente!
Y más que el chiste,
lo que a mi imaginación
me vino luego, al momento.

Y es que a mí se me ocurrió
hacer, tras de ver el chiste,
una reflexión flemática,
como las que a veces suelo:

"Se han acabado las vírgenes",
decía, en el chiste, Mahoma.

¡Pues claro, joder, pues claro…!,
¡anda, que son pocas vírgenes…!:
¿¡¡treinta vírgenes por barba…!!?,

-me lo planteaba yo
como pregunta retórica,
y me seguía yo diciendo-

pero, ese tren, ¿quién lo aguanta…?:
¡¡pues claro que se acabaron!!,
¿no se iban a acabar…,
con tanto tío volándose…?

¡El Corán, venga, el Corán!,
¡y ahora mismo a rehacerlo!
-ordenaría yo, imponiéndome-,
y en la sura ésa que dice
que todo el que se haga mártir
quitando infieles de en medio,
conseguirá, como parte
del premio, en el Paraíso,
para él solo, ¡¡¡treinta vírgenes!!!,

y a la sura ésa en concreto
darle un pequeño retoque,

que tirando hacia la baja,

y a continuación de en donde
pone lo de "treinta vírgenes",
añadirle, ex profeso:

"... y si no quedaran vírgenes,
¡¡pues a hacerse treinta pajas!!".

Que así quedaría ¡¡perfecto!!

¿Y a que así sí tendría gracia
esta broma, y no sería
ofensiva ni agresiva,
sino que sería simpática,
y sería un chiste correcto
y sin ni mala leche fáctica?

Pero sin ponerle a nadie
de mala hostia y mal cuerpo...

¡Mucho menos!, al Mahoma.

Como hacían aquellos suecos,
o lo que fueran, ¡¡¡estúpidos!!!,
aquella parva de ¡¡¡cafres!!!!

Que no entienden a los árabes,
ni entienden sus sentimientos,
y por eso los cabrean
y los ponen que arañan.

Y así no hay nada que hacer,
yo aquí lo digo y lo advierto.

La alianza de civilizaciones,
hoy, gravemente en peligro,
por culpa de esos ¡¡tontarras!!

Que mientras ésos no afinen
su sentido del humor,
los irreverentes suecos
o quienes quiera que sean,

mientras ésos no se apliquen
y sean más respetuosos,
¡mal irá la cosa!, ¡¡mal!!

Mientras vayan enredando
y haciendo bromas sin gracia:
¡¡gentuzos!!, ¡¡más que gentuzos!!

¡Sí, sí!, muy chungo lo veo,
yo, a esto, ¡¡muy mala cara!!

Masuriel

¡Y otro caso verídico!

El caso en cuestión iba referido al trato que
algunos les daban -y les dan aún, por desgracia-
a los animales de compañía.

Aquella vez ocurrió en un pueblo de Galicia.

Y este tema se lo dedico a Montse Salas,
otra entrañable compañera y amiga de la Oficina,
simpática y guapa ella ¡a rabiar!,
quien ama ¡tanto! a los animales…
Y esto va sin segundas.

¡¡LEÑA AL PERRO!!

No era la primera vez,
ni ésa iría a ser la última.

Entonces, saltó a los medios
el caso de malos tratos
que le daba un individuo,
concretamente a un perro.

Fue, o era, el mes de septiembre
del Dos mil seis. En Galicia.

Antena-3 informándonos
de eso, del maltrato a un perro.

A un perro y a una perra.

Salía un viejo decrépito
metiéndole una paliza
con un trozo de manguera
y un tubo y una vara
y un tranco de metro y medio
a un perrucho acobardado
y hecho polvo por el suelo…

¡Vaya tunda!, la que dándole,
el tío, al perrucho aquél.

Y, la noticia, también,
que el viejo había tenido,
poco antes, una perra,
y perra a la que, se ve,
también él la había puesto
a caldo, y ya en el hoyo.

¡Lastima!, no hubiera imágenes.

Pero sigamos con ello:

Si este caso veía la luz,
era porque ahora se hacía
un juicio impertinente,
tras de una denuncia estúpida
que había puesto un excéntrico
que había tenido ¡el descaro!
de grabar el palizón
del pobre viejo al perro.
¡Vaya perla!, ¡el cacho estúpido!

Es que ni se había enterado
de que, el palizón, muy lógico,
y muy justo, y muy certero,
ni que el apaleador
se había visto obligado,
y que era un hombre bueno.

Su denuncia, pues, ¡estúpida!,
como él mismo; y él, con ella,
sólo buscando el tener,
de fama, un minuto y medio.

No me cortaré al decir
que aquel cobarde ¡¡chivato!!,
el de la denuncia expresa,
aquel ¡¡sinvergüenza!!, era
una de esas personuchas
que hacen que uno a veces sienta
¡asco! del humano género.

Ahora, que también es cierto
-y la noticia servía
imágenes contundentes-,
que el pobre hombre acosado,
el pobre apaleador,
no afrontaba el trago él solo.

Con él estaban ¡¡los suyos!!,
los ¡¡muchos!! que lo apoyaban,
y su corazón abierto.

Sus familiares, amigos
y leales simpatizantes,
que estaban allí, en el juicio,
expresamente apoyándole,
contra aquel ¡cacho hijoputa!
que lo había denunciado
por lo que él estaba haciendo.

Un vecino colindante
y, creo, que veterinario.
¡El chivato!, me refiero.

De lo que sí estoy seguro,
es de que era un lameculos,
y un bruto y un enterado,
y un carcamal, y un tipejo
que sin dos dedos de frente.

Encima que un ¡pobre hombre!
se había sacrificado
dándole una tunda a un perro...,

porque se le habría cagado
en su jardín, o le habría
hecho un hoyo, o cualquier cosa...,

ahora, ¡encima!, ¡el pobre hombre!,
ahora tenía que aguantar
que un ¡mascamierdas idiota!
le denunciara ante un Juez...

Y es que eso de ¡tanto rollo!,
y de ¡tanta libertad!,
y de tantas teles ávidas

de contar mariconeos,
eso, un horroroso daño
a lo que es la armonía
y el vivir en el consenso.

Que siempre hay un ¡idealista!
dispuesto a dar por el saco,
¡hombre…!, ¡menuda lacra!

Que siempre hay un ¡sensiblero!
opresor y vengativo
que anda por ahí clamando
que al que maltrate animales
se le cuelgue por los huevos;
o, si mujer, por las tetas.

Siempre hay algún ¡majareta!
que se cree en el derecho
de decir que la violencia
contra animales es mala,
y que hay que acabar con ella
dando un castigo ejemplar
al que la lleve a efecto.

Lo que ocurría en este caso
que contaba Antena-3.

Que, ya digo, hay ¡tanto imbécil…!,
y hay ¡tanto borracho infecto…!

Pretender que a un animal,
como en este caso, a un perro,
no se le pueda apalear,
sencillamente, o ¡matarlo…!,
cuando a uno le dé la gana…,

¡¡que para eso es tu perro…!!

Es una cosa aberrante,
que sólo puede ocurrírsele
a un individuo ¡¡patético!!
como aquel veterinario.

Y que, ¡encima!, la Justicia
lo escuche, esto ya es ¡¡la rehostia!!

Porque, digo yo: ¡y a ver!:

si matar a un semejante,
o séase, a una persona,
sale a, de cárcel, tres meses
no llega…: ¿vas a pedir
que a uno, ¡por matar a un perro!,
o a una, ¡por matar a un perro!,
por matar a un ¡simple perro!,
lo cuelguen por los testículos,
o la cuelguen por las tetas…?,
¿vas a pedir eso, hombre…,
con el daño que eso hace…?

Yo, lo digo y lo repito:
viendo aquella absurda escena
en aquel juicio infame,
yo, es que me quedé ¡perplejo!

           …

Pues, en fin; pues ésta era
la noticia que se daba,
y que aquí yo he comentado.

Y, ¿el final?: bueno, no sufra,
querido lector, no sufra,
que se impuso la cordura,
como era, ¡¡sí!!, lo obligado.

Al apaleador de perros,
al hombre de la manguera,
no le hizo ¡¡nada!! el Juez.

Una simbólica multa,
para que no se dijera
que le hacían ¡¡ni puto caso!!
al denunciante asqueroso...,
pero ¡nada!: ¡unos euros!

Por guardar las apariencias,
digo yo, que es que lo harían.

Y quedó claro y bien claro
que ¡¡nada!! le impediría
al viejo apaleador
poder comprarse otros perros.
Para seguir apaleándolos.

Cuando a él le diera la gana,
¡hombre...!, ¡faltaría más!

Porque, aunque a algunos les duela,
éste es un País de orden,
cabal, y aquí somos serios.

Y se tienen que imponer
la lógica y la justicia
sobre los mariconeos,
ya digo, que siempre haciéndolos
los gentuzos y los vagos.

¡¡Siempre metiendo cizaña,
hombre...!!, ¡no sé cómo lo hacen!,
pero siempre dando el cante
y siempre pegas poniendo.

¿¡Que mira que comparar
los derechos de los bichos
-como ahora el de los perros-,
con los derechos humanos
de las personas humanas...!?,

¿¡que mira que compararlos...!?

Vamos que, ¿van a decirme
a mí que es más noble ¡¡un perro!!,
-que, igual, ni perro de raza-,
que eso, que muchas personas...?,

¿van a decirme a mí eso...?:

¿más noble un perro que el Chaos...?,
¿o más noble que el Rafita?,
¿o más noble que el Vaquilla?,
¿o más noble que el Torete?
¿o más noble que el Del Valle?,
¿o más noble que el Chapote?,
¿o más noble que el Ternera?,
¿o más noble que el Iñaki...?

Bueno, me voy a callar;
mejor, creo que va a ser esto.

Que en el reportaje aquél
se decían unas tontadas...

Era ¡¡para alucinar!!

Y yo acabé alucinando.

Como alucinaba el Tierno.

El que en paz descanse, sí;
el que Alcalde de Madrid
cuando el Guerra y todo aquello.

Masuriel

Y, a continuación, unos versos muy tristes.

Unos en los que me costó ¡tanto! dar puntadas
de ironía…, pues se trataba de una historia
¡tan lamentable…!

Aquél fue uno de los ¡¡tantos!! asesinatos
horrorosos que se cometían -y se cometen-
en nuestro País.

Y aquél fue en Barcelona, que ¡qué pena!
En la Cataluña de mi querida Anna López,
quien trabaja en Palibrio, en los EE.UU.,
y en la Cataluña también mía.
Pues a ella le dedico este tema, con todo
afecto. Que seguro que a ella también le
conmoverá.

LOS OJOS DE AQUELLA PIJA.

Septiembre del Dos mil cuatro.

Otra noticia terrible
que salta a la actualidad.

Un barrio de gente bien
de la egregia Barcelona:

Doña Ana Permanyer,
una madre de familia,
y una laboriosa esposa,
sale a hacer una gestión,
y no regresa enseguida,
como tenía que pasar.

"¿Qué puede haberle ocurrido,
si sólo un ir y un volver,
prácticamente un recado?

No tiene ningún sentido
que se retrase mamá".

Pasa un rosario de horas,
y, la inquietud, a aumentar...

Su marido y los sus hijos,
deciden pedir ayuda
por radio y televisión...

A los cuantos días, ¡muerta!,
que aparece en un lugar.

En Sitges, en unos campos.
Tirada como un objeto.

Maltratada hasta la muerte.
Para robarle, quizás.

Otra víctima, ¡¡otra más!!,
la terrible conclusión,
de toda esta sinrazón
que ¡todo el tiempo! pasándonos.

Y a manos de otro ¡¡¡podrido!!!,
que sin la menor piedad
ha matado a una persona,
a una madre de familia.

Otro ¡¡¡maldito asesino!!!
que, ¡de fijo!, él se sabrá
lo poco que va a pasarle.

Que, si es que llega a la cárcel,
entre licencias, permisos,
redenciones, reducciones,
permutas, compensaciones,
días de teatro y de fútbol...,
a los dos días, ¡a volar!

A hacer otra. Y aún más gorda.

Que esto es lo que hay en España,
y esto lo que en Cataluña,
que, ¡en todo!, lo es ejemplar.

Que en paz descanse la madre
y la esposa, junto a Dios,
que aquí ya está todo dicho.

Por crudo que aquí parezca
esta exposición fugaz
de aquel macabro suceso
que destrozó a una familia,
es que esto era lo que había,
y es que esto es lo que habrá.

Lo que acecha a cada puerta
de cada casa de España.
Y en todos sitios lo mismo.

Por la culpa de un Sistema
de valores a la baja,
donde tan sólo hay lugar
para el tramposo, el cobarde
y el duro de corazón.

La señora Permanyer
fue aquel día, en Barcelona…,

y hoy podría serlo usted…,

y mañana, pues yo mismo,
y pasado…, ¿¡qué más da!?

Que todos somos rehenes
de este orden depravado,
en donde el bueno disgustos,
y el malo ¡a disfrutar!

Si yo no creyera en Dios
y en que una habrá una Justicia
que algún día pondrá a esos ¡¡ratas!!
a quemarse eternamente
en las llamas del infierno,
yo me volvería loco.
Y perdónenme las ratas.

Si esta noticia fatal
hoy me he puesto a recordarla,
es porque lo tiene ¡¡todo!!
de ejemplo de la miseria.

De la miseria humana.

Que si la violencia ¡¡¡toda!!!
es perversa y reprobable,
ésta ya es caso de récord.

Que ¿qué se puede esperar
de una sociedad ¡¡tan ciega!!,
que no lleva ¡¡a la horca!!
a quien mata a una madre...?,
que ¿qué se puede esperar...?

Que, ¿existirá algo más vil,
más cobarde y más sucio
que matar a una madre...?

Y, de este caso en concreto,
¡¡nunca!! se me olvidarán
los ojos de aquella niña,
la hija de aquella señora,

cuando imploraba en los medios
ayuda para encontrar
a su desdichada madre.

Cuando salía por la tele
con ropa cara, y modales
de afortunada hija rica,
lo pedía desde unos ojos
clarísimos e intensísimos.

Que no es verdad que los ojos
sólo los pongan bonitos
las estrecheces y el hambre.

Intensísimos, y azules.

Y en los que ¡¡todo el pesar!!
y ¡¡todo el dolor!! cabían.

Esto, cuando sólo ayuda
para, a su madre, encontrar,
que, ¿qué pena no tendrían?,
que ¿qué dolor no tendrían,
cuando la encontraron muerta?

Los ojos de aquella niña.

Los ojos de aquella pija
de un barrio bien, que imploraban
ayuda con ansiedad.

Aquellos ojos preciosos,
hechos para enamorar
y para dar alegría.

Que ya, sólo se abrirían
para llorar y llorar.

¡Una verdadera lástima!

Que Dios la tenga en Su Gloria,
Doña Ana, y la bendiga.

Y descanse usted en paz.

Masuriel

"*San José un camello y Jesús homosexual.*
La Universidad de Granada subvenciona una exposición donde la
virgen es una prostituta.

La Universidad de Granada subvenciona una exposición,
que representa una lectura 'personal y posmoderna' del
Vía Crucis: en ella, la Virgen María se prostituye en la carretera de Jaén,
donde conoce a un camello, San José,
y ambos tienen un hijo gay.

LIBERTAD DIGITAL

Se llama 'Circus Christi' y se representa en la Corrala de Santiago, una
*residencia universitaria granadina. Según explica su autor, **Fernando***
***Bayona**: 'Es un trabajo formado por catorce fotografías, que se*
corresponden con las catorce estaciones del Vía Crucis'. Ofrece una réplica
fotográfica de los catorce relieves que se colocan en las iglesias y que
servían para narrar el Nuevo Testamento. Pero 'ligeramente' diferentes.

En ella 'he querido dar más protagonismo a la mujer, destacarla en un
primer plano, como figura central, frente
a su papel secundario en el Nuevo Testamento', dice el jienense a El Ideal
de Granada.

La Virgen María se transforma en una…,
conoce a San José, un camello, un don nadie…,
y tienen un hijo al que presenta en el templo, en un prostíbulo…,se acuesta
con María Magdalena 'pero no le gusta y se hace gay…'.

El artista destaca que 'Para esta muestra he necesitado de dos becas,
debido a su elevado coste'. Al menos, una de ellas pertenece a la
Universidad de Granada…".

(Libertad Digital, 12.02.2010).

MADERA DE ARTISTA.

Vamos a hablar del respeto;
hoy toca hablar del respeto;
del respeto a los demás.

A sus ideas religiosas…,
a sus convicciones íntimas…,
a su sensibilidad…

Y ha sido en mi Andalucía
el gesto moralizante
y respetuoso y digno
que hoy quiero aquí enfatizar.

En la "Uni" de Granada,
como dicen los autóctonos,
en ese docto lugar
es donde ha tenido el acto
protagonismo ejemplar.

"La Corrala de Santiago",
el sitio expreso y concreto
de una exposición ¡majísima!:

el "Circus Christi", un trabajo,
catorce fotografías
representando el Vía Crucis,
el Sagrado Vía Crucis,
pero en una versión libre,
¡¡desternillante total!!

A La Santísima Virgen
La sacan de prostituta,
a San José de Camello,
el Templo es un prostíbulo,

Jesucristo es un putero
con la María Magdalena
y que al final se hace gay…

Lo dicho: un trabajo ¡¡espléndido!!

Lo dicho: un trabajo ejemplo
de educación y de mística.

Y de respeto hacia el prójimo.

Y a los derechos humanos.

Y a la sensibilidad.

¿Su autor?: **Fernando Bayona**.

¡¡Naturalmente!!, becado;
dos becas, en vez de una.

Y una de ellas, ¡por supuesto!,
la propia Universidad,
la de Granada, ¡la auténtica!,
la progre, ¡sí, sí!, ¡¡la guay!!

Y la otra beca…, ¿¡quién sabe!?

Pero dos, ¡sí, sí!: ¡¡dos becas!!

¡Hombre!, una obra muy cara,
de un coste espectacular…

Pero merecía la pena.

Por la madera de artista
que se intuía al escuchar
al tal **Fernando Bayona**,

quien se ha puesto a idear,
y ha sacado inspiración
y talento ¡a raudales!

Y que no se parará,
bien seguro estoy de ello.

Ése seguirá trayéndonos
otras versiones atípicas
de la procelosa Historia.

¡Para partirnos de risa!
¡qué duda cabe!, serán.

Con el ingenio sin límites
que ha demostrado que tiene
el Fernando ése…, el talento….,

y la creatividad…

Y aún más: estando en Granada…,
donde andaluces ¡¡a espuertas…!!

Y el año que viene, ¡otra!,
y el año próximo, ¡otra!

Y le tocará a Mahoma;
con ése se empleará.

Y lo pintará, digamos…,
de chulo de discotecas,
o de macarra, o de "sking…",

o lo pondrá en un desfile
con unas botas con alzas
el "Día del orgullo gay…",

o en Marbella lo pondrá
pegándose lingotazos
de botellas de a cien euros
y follándose a ucranianas…

¡Al Mahoma, sí, al Mahoma!

Bueno, al Mahoma, y a Alá,
¡claro!, que los dos van juntos.

Y a sus madres y a sus hijas
y a sus padres y a sus hijos,
-de Mahoma, Alá no tiene-,
pues a ¡todos! les dará
un papel bien ocurrente,
desenfadado y simpático,
¡seguro, sí, sí, seguro!

Como ahora el de Jesucristo
y el de la Virgen María
y el de San José: ¡igualito!

Y a La Meca…, bueno, a ésa…,
a ésa, pues la llenará
de litroneros auténticos
que haciéndose ellos pajas
y ellas rascándose el clítoris…,

y de porreros frenéticos…,

y de trileros patéticos…,

y de tíos cobrando el PER…

¡Ya verán, ya, ya verán!

Nos partiremos de risa.

Sobre todo, los moritos:
ésos ¡¡se revolcarán!!

¡Pues hala!, señor Bayona,
¡hala!, **Fernando Bayona**,
a seguir haciendo gala
de su intelectualidad
y de sus formas audaces,

¡adelante! con lo suyo!,
¡adelante con lo tuyo!

Que lo que en el Mundo falta
es esto: ¡¡moralidad!!

Y Granada, ¡hombre...!, ¡y Granada...!,
¡la Universidad magnífica...!,
¡la universidad de siglos!,
¡la consagrada!, ¡la única...!,
no nos podía defraudar.

Y no nos ha defraudado.

Pues lo dicho: ¡hala, Fernando!,
y ¡hala, Universidad!

¡¡Hala!!, no perdáis el tiempo.

Que lo vuestro es ¡¡"crear"!!

Masuriel

33

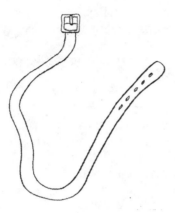

Yo trato de administrar el pesimismo que siempre quiere invadirme tirando en todos mis trabajos del recurso de la ironía, aunque a veces, ya lo he dicho antes, me resulte francamente difícil.

Y en este resumen de presentación, en este "*Librete de muestra*", ahora incluiré otro tema que, en principio, iba a ir en mi Libro primero, y en el que abordaba un asunto que suele saltar al primer plano de la actualidad con demasiada frecuencia.

Dedicado esta vez a mi gran amigo y compañero Félix Blanco, pues apuesto a que éste le sorprenderá.

MALTRATAR A LA PAREJA.

¡¡Yo ya estoy desesperado!!,
¡¡ya no sé qué voy a hacer!!,
¡¡menudo drama!!, el que tengo.
¡¡loco!! me voy a volver.

Ni como como yo como…,
ni duermo como yo duermo…,
ni me centro en mi trabajo…:
¡¡yo voy a acabar enfermo!!

¿Que por qué…?: ¡no me hable, vamos!

Si usted llegara a su casa
a las dos del mediodía
y no se encontrara, ¡a punto!,
en su mesa, su comida:
¿qué menos que un plato opíparo…?,
¿qué menos que calentita…?

¡Hombre!, uno llega cansado…!

¡Trabajando a toda máquina
casi media hora al día…!:
¡¡hombre, que uno es funcionario…!!,

y, ¡¡hombre!!, que uno llega, ¡¡hombre!!,
y lo menos que merece,
¡digo yo!, es tener el plato
como Dios manda, en la mesa:
¡eso es lo mínimo, vamos!

¡Sí!, ya sé que ella trabaja;
la excusa que siempre dando.

¡Como si yo no lo hiciera!:

¡¡o se come, o no se come,
joder…!!

       Y es su obligación
tenerme a mí la comida
cada día, ¡¡a punto!!, en la mesa.

Y abundante y variado:
¿tengo, o no tengo razón?,
¡hombre…!

       Que a mí no me digan
que es que yo soy exigente.

Y, a ver: ¿y usted qué diría
si fuera usted a ducharse
y el calentador eléctrico
no lo estuviera enchufado?

Que fuera usted, tan tranquilo,
y se metiera en la ducha…,
y abriera el grifo, confiado…,
¡¡y saliera el agua fría!!:
¿¡ella otra vez!?, ¿¡¡otro olvido!!?

Y ¡otra vez! con excusitas
de que se encuentra mareada
con eso de que está encinta,
y de que a las cinco y cuarto
tiene que estar levantada
y aseada y ya vestida
para marcharse a la fábrica…

¿Y a mí qué me cuentas, chica?,
¡cumple tus obligaciones!,
y ¡deja ya de tenerme
constantemente agobiado!

¿Y a que no me has cepillado
los zapatos hoy tampoco…?,
¿ni colgado el pantalón…?,
¿ni planchado la camisa…?,
¿ni preparado el bocata…?

¡¡Es para volverse loco!!
Repito: ¡¡desesperado!!

Hay en este perro Mundo
¡¡tanto inútil…!!, ¡¡tanto estúpido…!!

Y a mí, mi mujer me tiene
de los nervios ¡¡destrozado!!

Y si le quito la paga
que gana…, ¡encima! se ofende.

Porque ésa es otra, que, ¡encima!
que me tiene abandonado,
me hace mala cara porque
el dinero se lo taso.

¡No hay derecho!, ¡¡no hay derecho!!
de que a las buenas personas,
precisamente por buenas,
se nos martirice tanto.

Ahora, que yo me rebelo;
yo sé que no soy yo sólo
el que está, de su mujer,
recibiendo un cruel acoso,
y como yo voy ¡¡sobrado!!
con la Internet, cada día
estoy contando en sus páginas
lo que me hace esta tía.

Busco solidaridad
de colegas en desdicha;
ante tanta tropelía
tenemos que organizarnos.

Voy a ver si estoy a tiempo
de montar una ONG
con subvención del Gobierno.

¡¡Pa defendernos, joder!!

Los maridos maltratados
tenemos que hacernos fuertes,
tenemos que rebelarnos
contra esta lacra social,
como son los malos tratos,

de esposas, o compañeras,
¡¡majaras!!, ¡¡locas perdidas!,
¡¡perezosas!! y ¡¡violentas!!

¡¡¡Yo no soporto esta vida!!!

Para mí, ya es un calvario
tener que darle a la mía
¡¡dos palizas!! a diario.

Masuriel

34

"Y en este dichoso País, cuando a uno le toman
el número, desde luego, es que no lo dejan vivir
a uno…, ¡no lo dejan vivir!,
que son ¡tan crueles! en este País…".

Se lamentaba el Antonio Puertas, aquel pacífico
y respetuoso drogadicto que no tuvo más
remedio que agredirle a traición al profesor
Neira, según decía el abogado que lo defendía
y decía la guarra de su compañera, por quien se
jugó la vida el señor Neira, para defenderla.

Pues al Profesor Neira me tomo la libertad de
dedicarle este tema esperpéntico, a la vez que
le expreso aquí toda mi admiración.
A él y a su ejemplar esposa.

¡MÁS LEÑA! AL POBRE SANTIAGO.

Yo tengo mucha amistad
con bastantes individuos.

Mejor, mucha relación.

Con despóticos, neuróticos,
apasionados, violentos,
cafres tipo Maradona,
o brutos tipo Mouriño…

Por el sitio en el que estoy,
y por el cargo que ejerzo,
conozco a muchas personas,
trato con muchas personas,
y, claro, entre ellas, ellos,
los tipos ésos que digo.

Ayer, va y me viene uno,
-ayer, primero de Julio
del Dos mil ocho, ¡ayer mismo!-,
pues ayer me viene uno
con un recorte en la mano,
del periódico "El Mundo",
con la alarmante noticia
de que ¡¡otra vez!!, al Santiago,
¡sí, sí!, al Santiago Del Valle,
ése pederasta mítico
que asesinó a Mari Luz,
la criaturita de Huelva,

¡¡otros dos años y medio!!
le han echado, al ¡¡¡pobrecillo!!!

¡¡Otros dos años y medio!!

Por otro simple casillo
corriente e intrascendente.

Ahora, otro de acoso físico
a otra niña; ésta, en Gijón,
Asturias, Norte de España.
Ésta era la "gran noticia".

O así él la había entendido.

Que este conocido mío,
que, ya lo digo, ¡un excéntrico!
¡más violento que…!, y las venas
del cuello, a ése se le ponen
más gordas que a la Patiño…,

pues, digo, este conocido,
pues ya venía mascujeando
palabrotas y exabruptos
contra ese ¡pobre infeliz!,
ése, el Santiago Del Valle,
porque acosó a otra chiquilla,
ésta en Asturias, repito.

Ya venía diciendo, ¡¡el bestia!!,
que a ése, al Santiago Del Valle,
directamente lo ahorcaba
a ése, él, ¡¡y ahora mismo!!,

y luego lo hacía cachitos
con una piocha oxidada,
y luego le metía fuego.

Y, antes, lo habría capado.

Todo eso, ¡¡como mínimo!!

Por hacerle eso a esa niña.

Eso y otras salvajadas,
venía soltando mi amigo.

O mi conocido -¡y poco!-,
quien, repito, un exaltado
y un individuo agresivo.

Total, porque el ¡pobre diablo!,
el Santiago, don Santiago,
se hubiera ido a Gijón
desde Sevilla, ex profeso
y haciendo un gran sacrificio,
para, allí, estar cerca de ella,
de la niña de trece años
que había engatusado él mismo
a través de una revista,
que es el caso que ahora sale,

y allí, eso: hacerle a ella,
a la niña de trece años,
"veladas proposiciones
de naturaleza sexual",

y, ¡el pobre!, eso, por tímido,
por el lógico arrebato
que acarrea lo del amor,
a ella, un férreo marcaje
y algún seguimiento intenso,
se ve, que le había infligido.

Ésas que, por otra parte,
son acciones comprensibles
y actuaciones previsibles
que acarrea la pasión.

Pues ése, todo el delito.

Pues este ¡¡animal violento!!,
éste que digo mi amigo
con los matices que añado,
éste venía explayándose
en lo que habría que hacerle
al ¡pobrecito Santiago!

Por lo de a esa otra niña.

Que, su opinión, ¡contundente!:
lo de ¡¡¡dos años y medio!!!
a los que, según "El Mundo",
lo habían condenado ahora,
al Santiago, ahora, los Jueces,
por este desliz fortuito,

más lo de los ¡¡¡doce mil!!!
euros, se ve, que de multa,

más lo de la prohibición
de acercarse a la chiquilla…,

¡eso es muy poco!: ¡¡¡poquísimo!!!,
eso es ¡¡¡nada!!, según él.

Para él, pues lo que he dicho:
lo mínimo, a ése: ¡¡¡ahorcarlo!!!

Después de haberle horadado
con un cincel y un martillo
la frente y las pituitarias.

Que, la Justicia, ¡¡¡una mierda!!!,
y los Jueces, ¡¡¡unos mierdas!!!

"Que a algunos, también, ¡ahorcarlos!
-se refería a los Jueces-,
lo menos que habría que hacerles,

por dejar suelto en la calle
a ese agresor de chiquillas".

Continuaba, encendido.

Bueno, y ya, cuando me hablaba
de la gente de la niña
acosada y maltratada,
de los que son su familia,
bueno, ya, es que se ponía,
¡vamos!, ¡¡hecho un basilisco!!:

"¿Y es que no tenía un padre…?,
¿y es que no tenía una madre…?,
¿y es que no tenía unos primos…?,

¿y es que no tenía, aunque fuera,
unos abuelos legítimos,
esa niña…?, ¿no tenía…?

¿Y no hubo nadie ¡¡¡con huevos!!!
para coger a ese ¡¡¡mierda!!!,
-¡al Santiago, sí, al Santiago!-,
y darle una manta de hostias,
y patearle los hígados,
y machacarle los sesos,
y echarlo del Principado…?,

¿no hubo allí nadie ¡¡¡con huevos…!!!?".

Bueno, y ya, es que se ponía,
francamente, ¡como un loco!

Bueno…, en realidad…, mi amigo…,
mi conocido, ¡y poco!,
ya saben, por mi trabajo,
es que ¡siempre! va por ahí

con lo del: "Ojo por ojo
y diente por diente", y eso...

Y es que si por él lo fuera,
a todo aquél que un acoso
o un abuso contra un niño...,
éste, a ése..., ¡¡¡lo mataba!!!

Sin más rodeos: ¡¡¡lo mataba!!!
Que tiene una fijación
y una sensibilidad
con ¡¡la leche!! de los niños...

Y al que violara a una niña
y luego la asesinara,
bueno, a ése ¡¡¡lo freía
en aceite de ricino...!!!,

¡pero siete u ocho veces!

Que él, de disculpas, ¡¡¡ni una!!!,
a según qué individuos.

Así lo es él, de atascado.

Y, hoy, pues claro, esta noticia
que "El Mundo", ¡con mala leche!,
ponía en su primera página,
pues lo traía encendido.

Hoy, ya, de una forma extrema.

La noticia de que al Santi
lo hayan vuelto a condenar
por agredir a otra niña...,
ésta ya lo ha trastocado.

Bueno, sí..., es que él tiene hijas...
Pero él lo es así por vicio.

Que igual diría, si soltero.

Él lo es así, y lo son ¡¡¡tantos...!!!

Conozco yo a ¡¡¡tantos!!! ya
que son ¡calcado!, de incívicos...

Por mi trabajo, ya saben.

Quitando a los de UPyD
y a alguno de Izquierda Unida,
ya no queda compasión,
ni ternura, ni piedad,
en el corazón humano,
para con los pobres hombres
que no tienen más remedio
que meterse con los niños,
para acosarlos, violarlos,
vejarlos y masacrarlos.

¡Sí!, y algún republicano.

¡Sí!, y algún nacionalista.

¡Vale!, y muchos del PP
que aún creen en Jesucristo.

Conozco yo ¡¡¡a tanta gente!!!,
como digo, ¡¡¡a tanta gente!!!
que carente de principios...

213

Y éste, hoy, uno de ésos,
que a mí dándome la lata.
La cabeza, ¡¡como un bombo!!,
me la puso, en el ratito
en que le estuve escuchando.

¡Peor que si al "Dyango",
¡peor que si a "Los Pecos"!,
¡peor que si a "Los Mojinos"!

(Original, 23/06/67)

35

A mí también me repatea las tripas las constantes imposiciones que nos imponen las autoridades, ¡a mí también!

¡Ah!, y la "Marimar" del dibujito no es la "Marimar" que yo conozco, mi entrañable fisioterapeuta, la que ¡tanto! me está ayudando para superar mi desgracia: la del dibujito no es mi "Marimar", era otra que trabajó conmigo, y que ya está olvidada.

Y a Marimar Aissa, mi hada buena, le dedico esta broma en versos. Con todo mi agradecimiento.

¡¡ NO AL CINTURÓN !!

¡¡¡No, no y no, y mil veces no!!!,
¡ya está bien de imposiciones!

Ya está bien que, ¡por decreto!,
haya que ir con cinturón.

¡¡Ni seguridad ni gaitas!!,
ya está bien de imposiciones,
digo, reitero y repito:
¡¡yo esa orden no la acepto!!

Yo no me pongo esa caca
porque lo mande una ley
falaz y antidemocrática,
¡¡¡ni hablar!!!, ¡¡¡jamás!!!, ¡¡¡nunca!!!, ¡¡¡no!!!

¿Yo le hago daño a alguien
si sin ese aparatejo?

Si corro o no corro riesgos,
es cosa mía, únicamente.

Y elegiré libremente
si me pongo, o no me pongo,
el dichoso cinturón…,
¡¡tanta ley y tanta leche!!

Tanto con que: "por si acaso…",
tanto que si: "por cautela…",
tanto que: "no fuera a ser…".

¡¡Al pedo!!, tantas cautelas,
y ¡¡¡al pedo!! tanta caución.

Tengo derecho a arriesgarme,
pues que es mi vida y mi cuerpo,
y en mi vida y en mi cuerpo
la única que manda, ¡¡yo!!

Y si me multan, ¡la pago!,
y si me encausan, ¡me jodo!,
-dicho esto con perdón-.

Éste será otro atropello
de los ¡¡tantos!! que padezco,
que, hoy en día, es que ¡¡da asco!!,
la cruel persecución
que sufrimos los pacíficos,
el noble y sufrido Pueblo.

¿Leyes…?: ¡¡para fastidiarnos!!,
ésa es su única misión.

¡Pues yo no pienso quebrar!,
yo, de someterme, ¡¡nada!!

Yo me pondré el cinturón
cuando a mí me dé la gana.

Y ahora ¡¡no me da la gana!!,
¡¡y no me lo pongo, y punto!!

¿Con ese correaje inmundo
voy a resignarme yo…?

Yo soy yo y mis circunstancias.

Y haré ¡lo que me apetezca!

¡¡Como me salga del co-
ño!!, ¡¡joder, tanta lata!!

Y si me quedo preñada,
que ¡el burro! de mi marido
no se hubiera ido a la guerra.

¿Ponerme yo el cinturón…?:
¡ni muerta, vamos!, ¡¡¡ ni muerta!!!

¡¡He dicho!!

¡¡Y san seacabó!!

Masuriel

36

"Hay cosas que a mi me ponen de los nervios",
me decía siempre mi amigo Pedro.

"Y una de esas cosas es ver que los que nos
mandan no se apliquen en hacer sus deberes
con honestidad y con presteza,
que anden siempre dándole largas a todo,
por comodidad y por cobardía…".

Voy a ver si soy capaz de resumir en versos
lo que me dijo ¡tantas veces! mi amigo Pedro.
Del que ya he contado otras anécdotas en
otros libros. Aquél que tenía aquella manía de
hablar siempre poniendo en su boca frases de
personajes famosos. Que, de inteligencia, no
sé si tendría mucha o poca, pero lo que es de
memoria…

Pues vaya éste también en su recuerdo.

"NO LA HAGAS, Y NO LA TEMAS".

No sé si son muy conscientes
de lo que tienen que hacer.
Me refiero a los que mandan,
me refiero a los políticos.

Siempre: "¡Que no tienen tiempo".

Pero cualquier día lo harán,
no hay que perder la esperanza;
o, al menos, yo no la pierdo.

Cualquier, nos convocarán
a un referéndum nuevo,
para saber qué pensamos
y saber qué preferimos
sobre un tema muy concreto.

Yo es que tengo la costumbre
de, a las voces de la calle,
irles poniéndoles eco:

lo que dice mi tío Juan…,
mi prima María Loreto…,
Alejandro, mi vecino…,
otro vecino que está
de peón en el cementerio…,
un funcionario de Hacienda
a punto de jubilarse
con el que también me trato…,
otro que tiene un bareto…,
la novia de un tal Jacinto
que, casualmente, es mi prima…

Pues a esa clase de gente,
a la que oído les presto.

Y he observado una opinión
unánime y contundente,
que la tienen todos ellos.

Acerca de la Justicia.

La Justicia con mayúsculas,
la Justicia de principios,
la que regular debiera
la convivencia con método.

Pues he oído, sorprendido,
que, de una manera unánime,
la mayoría de esa gente
dice, hablándose entre ellos,
que la Justicia ¡es un caos!,
¡un despropósito!, ¡un asco!,
¡un desastre!, ¡un jubileo…!

El Pueblo llano y sencillo.

Opinando abiertamente.

Y, claro, es que lo que piden
yo es que lógico lo veo,
y de ahí que crea preciso
que se programe ¡¡cuanto antes!!
ese urgente referéndum.

Que un día u otro habrá de hacerse,
que otro remedio no habrá;
no podrán continuar
con lo del: "no tengo tiempo".

Y el fondo de la cuestión
es que ahora, hoy día, opina
casi el cien por cien del Pueblo

que "la Justicia en España
¡¡es un puro cachondeo!!",
como adelantó el Alcalde
de Jerez, Pedro Pacheco.

Que aquí no hay severidad,
que aquí se ríe el delincuente
de los vivos y los muertos…,
y en el ejemplo de antes
bien claramente lo he dicho…

Y es porque aquí no se aplica
¡¡¡nunca!!! el castigo ejemplar.

Y pidiéndose ya ¡¡a gritos!!
que se aplique el viejo método
que se resume en la frase:

"El que la haga, ¡¡la pague!!".

La pague, y ¡¡severamente!!

Que a aquél que pegue: ¡¡pegado!!,
que a aquél que robe: ¡¡robado!!,
que a aquél que acose: ¡¡acosado!!,
que a aquél que viole: ¡¡violado!!,
que a aquél que mate: ¡¡matado!!

Así de claro, rotundo,
conciso, exacto y directo;
esta es la opinión unánime
de los que digo, ¡¡al completo!!

Que se aplique ¡¡a rajatabla!!
la ley más vieja del Mundo:

"Ojo por ojo, diente por diente",

matizada en Castellano
en el refrán popular
que más arriba ya he puesto:
"El que la haga, ¡¡la pague!!".

Lo que yo vengo escuchando
una enormidad de veces.

Y a gentes de todo sexo,
y gentes de todas clases,
pero que sin encargo alguno
y no chupando del bote.

Y, ¡claro!, los que los tienen,
-los cargos-, pues, claro, ésos
tendrán que ser consecuentes
y escuchar la voz del Pueblo.

Que ¡¡siempre!! tiene razón;
según sus propias palabras.

Cuanto más tarden, ¡¡peor!!
Ya es un asunto ¡¡urgentísimo!!

Si ante cualquier ¡chuminada!
lo montan, ¿no habrán de hacerlo
para un tema ¡¡tan crucial!!,
como es el fijar las pautas
que ha de seguir la Justicia?

Yo no le veo otra salida,
repito, que un referéndum.

¡Sí, sí!, ya sé que es difícil,
con tanto a donde acudir,
pero los que ahí arriba
tendrán que encontrar un hueco.

Que perder una ocasión
como ésta, eso sería
peor que jugar con fuego.

Y quiero ser optimista.
Y que pronto van a hacerlo.

Yo creo que es ya ¡¡imprescindible!!
que se plantée la consulta
sobre si: "El que la haga, ¡¡la pague!!",
deba ser regla de juego.

O, mejor, recuperarla.

Que se apliquen los políticos,
sean de la cuerda que sean,
y hagan la pregunta, ¡y pronto!.

Y si sale el "Sí", ¡perfecto!,
si sale el "Sí", ya, ¡clarísimo!:

"El que la haga, ¡¡la pague!!

Y se aplique en proporción
directa al daño infligido.

Que la gente de la calle
lo que quiere es sólo eso.

Yo, por lo que a mi respecta,
mi voto será clarísimo.

¡Yo sí!: la *"Ley del Talión"*,
llámese como se llame.

Que a mi, ¡ni pizca de miedo!,
no me inquieta en lo más mínimo
a mi la severidad.

Como no pienso pegar,
como no pienso robar,
como no pienso acosar,
como no pienso violar,
como no pienso matar...
A mi, ¡ni pizca de miedo!

Y otro refrán popular
se inventó también para eso,
para no tener problemas
de conciencia ni de nada:

"No la hagas, y no la temas".

También de tiempos del Séneca
y del Tales de Mileto.

¡Clarísimo!, ¡acertadísimo!

Por lo tanto, aquí no hay otra
que hacer, ¡¡de una puta vez!!,
el dichoso referéndum.

Y, el resultado, en el BOE.

Y ¡todo dios! a cumplirlo.

Y habrá muy poca abstención,
a pronosticar me atrevo.

Votará ¡hasta el "Espinete"!

Y se vayan preparando
el Rubianes, Jesús Gil,
el "Puertas" y "El Arropiero".

Masuriel

37

La siguiente, la afirmación que muchos hipócritas hacen hoy día, en un vano intento de tranquilizar un poco los ánimos.

¡NO SERÁ TANTA LA CRISIS!

Pues no será, ¡no señor!,
no será ¡tanta! la crisis,
ni ¡tan cruda!, ni ¡tan rígida!,
ni lo será ¡tan dramática!

Que yo veo todos los días
campos de fútbol llenitos,
pistas de hípica llenitas,
salas de bingo llenitas,
las playas sin ni una hamaca...

Y aeropuertos atestados,
y helipuertos atascados,
y autobuses y autocares
plagados de jubilatas...

¡No será tanta la crisis!

Vamos, o sea, digo yo:
la crisis, no será ¡¡tanta!!

Que aquí, yo aún veo a ¡mucha gente!
que ganándose la vida
con grande soltura y éxito;
o, mejor dicho, ¡forrada!

Y que, si no fuese así,
ya habría habido una hecatombe
económica y social,
ya habría habido un terremoto,
ya, ¡hecha polvo! la baraja.

¡Pues eso!: ¡que menos rollos!

Que aquí aún queda mucha gente

que ganando mucha pasta
y gastando ¡mucha pasta!

Porque la tienen, ¡y es suya!

Y porque es consecuente
y consciente. Y solidaria.
Que es lo guay y lo bonito.

La gente, ¡y mucha!, ¡¡¡y muchísima!!!

Por ejemplo, ¡¡esa pila!!
de empresarios, que los largan
a los obreros que tienen
con contrato, ¡¡justamente!!
el treinta y uno de Julio,
y vuelven a contratarlos
a primeros de Septiembre.
O sea, tras las vacaciones.

Para seguir como estaban.

Es decir, un mesecito
sin contrato que los dejan,
el de Agosto exactamente,
el mes de las vacaciones,
Agosto, y así se ahorran
los empresarios ¡un mes!,
o sea, una buena pasta.

Se ahorran los empresarios;
los ¡¡¡muchos!!! que eso lo hacen.

Y que seguirán haciéndolo.
Más que una pasta, ¡un pastón!
Y tanto más se ahorrarán,

cuantos más obreros pongan
el mes de Agosto en la calle.

Y a irse de vacaciones
tan contentos ellos, ¡y hala!

Ellos, y los de su entorno.

A patearse el ahorro
sacado de los contratos
de todos los despachados,
¡de todos!, ¡de todo un mes!

Para ayudar a la causa.

Y darle vidilla al País,
que es lo que ahora hace falta.

Y otros que pueden gastarse
dinero ¡¡a punta de pala!!
en estos tiempos de "crisis"
que dicen los agoreros,
otros son, pues eso, éstos:

los que tienen una tienda
o una red de lo que sea,
y han echado a todos los
dependientes que tenían
allí, de toda la vida,

y han contratado a extranjeros
en su lugar, y pagándoles
la mitad que les pagaban
a aquéllos: ¡redondo!, el cambio.

Se ahorrarán ¡un pico! en sueldos.
Ahorro que se gastarán,

consciente y pertinazmente,
en lo que antes he dicho,
para, así, paliar la "crisis",
y, así, ayudar a la Patria.

Y esta táctica en concreto,
la de tomar dependientes
del extranjero, y echar
al Inem a los autóctonos,
para, así, reducir costos
directos y sistemáticos,
esto también lo hacen mucho,
los de "grandes superficies".

Sólo hay que ir para verlo.

¡Ah!, y los de gasolineras.

¡Ah!, y los que tienen flotillas
de camiones. Que los chóferes
autóctonos cobran mucho,
y, ahora: polacos, rumanos,
eslovenos, ucranianos,
rusos, ibicencos, turcos…

Por menos de la mitad
te hacen el mismo servicio,
la misma ruta marcada.

Y ni "puntos" ni idioteces,
ni tacómetros, ni gaitas.

Que ellos son de otros países
en los que no son tan místicos.

¡¡Menudo pastón!!, se ahorran
con los camiones, aquí.
Y, ¡hala!, pues luego, ¡a gastárselo!

como más les dé de sí.
Los empresarios que lo hacen.
En vacaciones de fábula.

Como otros. Como todos.
Gastárselo en caprichitos
y en prácticas relajadas.

Y en conciertos, y en "nigth clubes",
y en trajes todos de marca,
y en tabaco…, en cocaína…,

y en titis, si viene al caso…

¡¡Tanta crisis!!, ¡¡tanta crisis…!!:
¡pues éstos no tienen crisis!

Ya lo digo: ¡hasta mejor
que antes, que hace unos años!,
¡porque éstos no tienen crisis!

Éstos que pongo de ejemplo,
¡más alegres que unas Pascuas!

Y otros que yo citaría
como ejemplos encomiables
en estos tiempos presentes
que, hoy día, muchos agoreros
"momentos de crisis", llaman,
y otros que yo citaría,
sería:
        Aquéllos que tienen
un taller de confección
lleno de chinos y chinas
trabajando a toda máquina.
Por la comida del día.

Que no necesitan más,
pues, las pobres criaturitas,
llegan de un país ¡tan pobre…!,
con cualquier cosilla pasan…

¡¡Veintidós horas currando
al día!!, siete en semana,
y, ¡¡las pobres criaturitas!!,
¡unos gestos tan risueños
y una alegría en sus caras…!

Y otros: aquéllos que tienen
una empresa de limpiezas,
o una de instalaciones,
o una de mantenimiento,
o una de vigilancias,

y en el noventa por ciento
de su plantilla, ¡extranjeros!;
mitad, al Salario Mínimo;
¡claro!, y sin asegurar.

¡¡Menudo!!, el montón de pasta
que esos empresarios hacen.

Una pasta que, luego, ellos
en nuestro País se gastan,
y, por lo tanto, yo insisto
en tumbar y en rebatir
esa absurda teoría
de que aquí estamos "en crisis",
como suelta algún sonámbulo;
yo insisto en que eso es ¡¡¡mentira!!!

Llenándose los teatros,
los cines, salas de fiestas,
hoteles, parques temáticos…,
vendiéndose coches guapos

de ésos de la "gama alta...",

y, los más machotes, dándoles
vidilla a esas señoras
que hacen guarrerías y eso
por dinero, y casi todas
extranjeras sin papeles...

¡Menuda labor social!

¿Y los que toman criadas
de Colombia, del Perú,
de Argelia, de Filipinas...?:

¡el bien que eso hace al País!,
¡la vida que eso al País!,
¡el pastón que eso al País...!

Aunque a esos agoreros
que digo, a esos pesimistas
que ¡¡¡siempre!!! hablando de "crisis",
les dé muchísima rabia,
y aunque a ésos les fastidie,
¡pues eso!: hay que ser coherente
y consecuente, y tener
eso: ojos en la cara.

Y aceptar la realidad.
Y no querer enfocarla
desde el lado pesimista
y con tal falta de escrúpulos
y de objetividad.

Y hay que concluir sin miedo:
de crisis, ¡¡¡nada de nada!!!
¡¡¡En nuestro País no hay crisis!!!
Pues prácticamente todos

gastando a todo trapo
y nadando en la abundancia.

Véanse, si no, los estadios
de fútbol, las discotecas,
los campos de golf, los cines…

Ya he puesto algunos ejemplos
para ilustrar lo que digo.

Y podría seguir poniéndolos
¡un montón más!, pero, bueno…,
ya tengo que irme a cenar,
que son las nueve pasadas…

¡Y eso!: y a un buen restaurante,
al que yo voy con frecuencia:

cocineros extranjeros,
camareros extranjeros,
camareras extranjeras,
vigilante extranjero…,
aparcacoches foráneo…

¡Eso sí!: la de la caja,
del País ¡¡pura y auténtica!!

La novia del empresario,
del dueño del restaurante.

Quien, por cierto, amigo íntimo
de Roberto, el de la óptica,
otro que conozco yo,
y que también empleados
extranjeros estudiantes
en la su tienda, en prácticas.
¡Pues eso!: y también los dos

derrochan dinero ¡a manta!

Para levantar el País.

Y para darle en los morros
a todos los ¡¡maleantes!!
que ¡todo el día! se lo pasan
diciendo que "aquí hay crisis".

¿Crisis aquí..., ¡¡maleantes...!!?,

¿crisis aquí...,

¡¡en Italia...!!?

Masuriel

Puede que acabe siendo un poco repetitivo, pero es que me apasiona tanto relatar historias de vidas ejemplares..., historias de grandes hombres, o de grandes mujeres...
¡Pues eso!, que ahí va otra. Y ésta dedicada a mi buen amigo Ricardo Guerrero, quien me contaba el eje de ésta, para yo, después, desarrollarla con un poquitito de imaginación.

ORGULLO DE RAZA.

¡A ver!, ¿cómo lo diría
sin parecer exaltado,
sin parecer patriotero…?,
¡a ver!, ¿cómo lo diría…?

Porque tengo que decirlo,
porque tengo que soltarlo,
porque es que, si no, ¡reviento!

A ver: ¡entérese, Europa!,
¡entérese el Mundo entero!,
que España está en donde está
porque somos los mejores;
como Raza y como Pueblo:

pundonorosos, mañosos,
perseverantes, constantes,
yuxtaponientes, ardientes…

Y lo que más, ¡lo que más!,
¡¡lo que más!!: ¡¡inteligentes!!

Combinamos el saber
con el instinto pragmático.
El instinto y la doctrina.

Y eso nos ha hecho estar,
a lo largo de la Historia,
siempre en el punto ¡¡perfecto!!

Pues, ¡hala!, ya lo he soltado,
ya me he sacado la espina.
Y a esta conclusión científica
he llegado ¡yo solito!,
¡sí!, ¿qué pasa?: ¡¡yo solito!!
Y hace ¡una pila! de tiempo.
Cuando yo casi un chiquillo.
Cuando yo hacía la Mili,

que la hice en Infantería,
en África, de "pistolo".

("Pistolos" éramos gente
de la Mili de reemplazo,
cuando ésta era por decreto).

En aquel tiempo lejano,
en el África española
compartíamos el desierto
nosotros y otros soldados
de profesionales Cuerpos.

Cada cual en su fortín,
cada cual en su cuartel,
pero unos y otros a
la misma causa sirviendo.

Los soldados más famosos,
los que tenían más carisma,
allí, eran los Legionarios.

"Pistolos", lo eran aquéllos
que menos profesionales
y, ¡en todo!, más inocentes.
"Pistolos", pues, los pardillos.

Y yo, un pardillo solemne,
tengo que reconocerlo.

Pues desde mi humilde estado
de pardillo permanente,
allí presencié una escena
que me hizo reflexionar
y me hizo crecer mucho,
y me hizo darme cuenta
del hasta dónde brillábamos,

del hasta dónde teníamos
un futuro como Raza
y un futuro como Pueblo.

Fíjese usted en la lógica,
las luces y la intuición
que hay detrás de estas palabras
que, a modo de reflexión,
se hacía uno de aquellos
ardorosos legionarios
dirigiéndose a nosotros,
que estábamos todos quietos…,
no se escapara una hostia:

"Desde luego, es que hay que ver
la de ¡¡idiotas!! y de ¡¡inútiles!!
que hay aquí, en el Ejército.

(Que aunque algunos no lo crean,
ya se hacía mucha autocrítica
cuando en los tiempos aquéllos).

¿¡Mira que hacer las garitas
de vigilancia en la sombra…,
en donde no se las ve
de noche…!?, ¡y es que hay que ver
la de inútiles que hay
al frente de los cuarteles…!".

Y esto lo decía el hombre
profundamente indignado.

Y había que reconocérselo,
tenía ¡toda la razón!
aquel bravo legionario.
¿Que a quién se le habría ocurrido
aquella absurda ocurrencia
de construir las garitas

ocultas al ojo ajeno?

Cuando un soldado tuviera
que estar de guardia en la noche,
habría que ponerle un foco
halógeno en la caseta
y otro de gas, en el suelo,
y una farola en la puerta
y, en la frente, adosada
al canto frontal del casco,
una bombilla de cien.
¡Pesetas, no!: ¡kilovatios!

¡Ah!, y el uniforme, blanco
¡¡llenito!! de lentejuelas
y pedacitos de espejo.

Y en la boca del fusil,
acoplada, una linterna.

Para que bien se le viera,
¿qué menos que todo eso?

Esto es lo que a punto estuve
de sugerirlo yo allí.
La verdad, se me ocurrió,
pero él no me dio a mí tiempo.

El legionario ardoroso
se me adelantó en decirlo,
en cuanto que terminó
con lo que dijo primero.
Claro, él llevaba ventaja,
él sabía lo que decía,
¡claro!, y se me adelantó.
Él era un gran veterano
y un grande observador,
y entre los que de su entorno

ya tenía un grande carisma.

Ya era Cabo de carrera;
y ser Cabo en la Legión
ya no era moco de pavo.
Y yo, un pobrecito ingenuo.
Que de ahí lo de "pistolo".

¡Menos mal! que me callé,
que el querer hacerse allí
el enterado, o querer
meter allí la cuchara…,
ésa, una osadía que ¡siempre!,
¡muy, muy caro! se pagaba.

Podías pasarte la Mili
en la cocina, o barriendo.

¡Menudos eran, los tíos!,
¡menudos, los legionarios!

En fin; el caso del caso,
que, gracias a la intuición,
gracias a la observación
de aquel Cabo legionario,
se puso fin a un defecto
que venía desde hacía ¡siglos!
Esa fue la parte práctica.

Tomaron nota los mandos,
y empezaron los programas
de la rehabilitación
de cuarteles españoles,
y se fueron adaptando
las garitas a la lógica
que aquel hombre, en aquel día,
denunciara con acierto.

Pues, con el paso del tiempo,
supe que había hecho carrera
el legionario en cuestión,
aquel bravo iluminado.

Algunos años después
ya se pasó a la Marina
porque se comía mejor.

Y de Cabo a Almirante
directamente, sin más,
que allí también apreciaron
su valía y su talento.
Cuando el Felipe González.

Él fue uno de los que fueron
a aquella guerra en todo orden
que fue la "Guerra del Golfo".
(El golfo era el Sadam).

Él mandaba la corbeta
que estuvo a punto, ¡¡¡uy, qué poco!!!,
de hundirse con todos dentro
bailando y emborrachándose.

Cuando cantó Marta Sánchez,
y cuando el gran Narcís Serra,
de ¡¡¡muy poco!!! si se ahoga.

Pues, gracias al gran saber
de este legionario emérito
y a su probada agudeza
en los momentos difíciles,
a España ¡¡todos!! volvieron,
y pudieron besar tierra.

¿Qué: fue, o no, una hazaña emérita?,
¿qué: tiene, o no tiene lógica
mi ofrenda y mi homenaje
a aquel personaje ilustre
que surgió casi surgiendo?,

¿tiene, o no tiene sentido
que yo me sienta orgulloso
de haber estado allí,
en aquel momento exacto
en el que ocurrió la anécdota
de aquel sabio legionario,
y que hoy, con deleite, cuento?

Porque, y lo más importante,
que aquél no era una excepción;
como él había ¡¡una pila!!

Desafortunadamente,
ya murió no ha mucho tiempo.
Por la edad, que no perdona.

¡Descanse en paz!, aquel sabio.
Precursor de ¡¡¡tantos!!! sabios
como hay hoy en los ejércitos
¡tan leales! a la Corona.

Tío, por cierto, de un amigo;
tío por parte de madre.

Él fue quien me la contó
esta interesante anécdota.
Que yo sólo la he ilustrado
contándola como he hecho.

                                          Masuriel

39

Los incondicionales de mis libros ya habrán comprobado que me apasiona contar anécdotas de este gran personaje.

OTRA DEL ALFONSO GUERRA.

Lo que muy poquitos saben
hoy día, es que el Alfonso Guerra,
antes de lo del Pesoe
y todo su lío aquél
con su hermanacho, el despacho
y los cafelitos célebres,
antes de todo aquel párrafo
engorroso y proceloso,
y bochornoso y jocoso,
Alfonso se las buscaba
vendiendo libros por ahí.
Puerta a puerta, paso a paso.
Libros, ¡y hasta enciclopedias!

Y de él se cuenta esta anécdota
con su mujer, en su casa,
en aquel período aciago:

Es que iba Alfonso a partir
de ruta, a ver si vendía
algún libro en el País Vasco
-o, entonces, Las Vascongadas-,
y estaba, lo propio, haciéndose
pues eso, su maletita…,
y su mujer va y le dice:

-    ¡Pero, hombre…, Fonsi…, chato…!,
     ¿te vas a un sitio tan lejos…,
     ¡y te echas sólo dos mudas…!?

Y él contesta, contrariado:

-    ¿Y cuántas quieres que me eche…,
     ¡¡leche…!!: ¡si van a ser sólo
     cinco meses mal contados!?

¡Pues eso digo!: que Alfonso,
cuando joven, las pasó
más putas que el "tío del saco"
en Ushuaia (Patagonia).

Alfonso, vendiendo libros.

¡Menos mal! que ya, después,
se enroló en lo del Pesoe,
y se enderezó la cosa.

Y un sueldecete apañado…,
todo viajes en avión…,
cinco o seis coches fetén…,
Visa ilimitada…, dietas…,

quitar y poner a gente,
los que él quería, en despachos…

Pero, bueno, este capítulo
ya lo contaré otro día
que esté con mejor humor
y un poco más relajado.

                                        Masuriel

Con el siguiente comentario recojo ahora otra
de las opiniones muy extendidas en la calle,
y que yo he escuchado machaconamente:
la de sobre las ferias populares y todo eso.

Y al expresar la mía propia, como lo haré,
va a saberse que yo también soy un
nostálgico.

Aunque no me importa serlo.

¡OTRO ATRACO!

De ¡¡tantas y tantas!! cosas
que en esta vida me inquietan,
una es ésta.

    Un poco simple,
si se quiere, un poco tonta
o un poco irrelevante,
pero una que me supera:
el precio en las atracciones.

Las atracciones de feria:
los caballitos, los coches,
el tren de la bruja, el látigo,
el río, la montaña rusa,
la casa de los espejos,
la de asustar a caguetas…

Lo de "tonta", porque son
cosas de segunda fila,
comparado con la ristra
de otros ¡muy graves! problemas.

Pero tiene su importancia.

Y esto es lo que no comprendo:
los precios que allí se cobran
por subir o entrar en ellas.

En ¡¡todas!! las atracciones.

¡¡Tan abusivo!! lo encuentro…,
¡¡tan, tan, tan disparatado…!!

Yo no lo puedo entender,
ya lo digo, es que eso es algo
que, la verdad, me supera.

Cuando dando vueltas veo
a una atracción, ¡la que sea!,
yo me pregunto:

Y, ¡a ver!:
si en esa atracción cabrían,
de niños, más de cincuenta…,
y ahora mismo yo los cuento,
y van, lo más, cuatro o cinco…,
o sea, la décima parte
de los que podrían subir…,
y luego, mirando veo
que al pie de esa atracción
hay un buen montón de gente,
mirando, la boca abierta…,

¡y el trasto casi vacío…!,
¡prácticamente vacío…!,

pues, ¿qué es lo que pasa ahí?:
ahí, algo a mí no me entra.

Porque si hay gente mirándolo,
será que gusta, ¿no?: ¡¡y mucho!!

Pero si allí están mirándolo,
porque un ojo de la cara,
lo que aquello vale, o cuesta…

Y yo, que intento ser lógico,
yo me digo: "Pero, bueno:
si la atracción marcha igual
con cinco que con cincuenta…,

si se ha de mover igual,
si, energía, gastar igual,
si el personal es igual…:
¿por qué la ponen tan cara?,

¿no sería, acaso, más lógico,
ponerlo a la cuarta parte
del precio que ahora le ponen...?,
¿la cuarta parte, o la quinta...?

Si es una Regla de tres:
cinco chiquillos montados,
que hayan pagado tres euros,
serán: cinco por tres: ¡quince!
¡Quince euros! por viaje,
los que la atracción les deja.

Ahora, si a un precio más módico,
cincuenta o sesenta céntimos,
y fuera llena al completo,
arrojaría un resultado
muchísimo más jugoso.

Que cincuenta por sesenta,
serían eso: treinta euros,
los que se recaudarían
por viaje; o, en resumen:
quince euros más por viaje.

¡Quince más! por cada viaje.
Treinta euros frente a quince,
que es el doble: ¡no está mal!

Y el gasto del empresario
de la atracción, pues idéntico,
pues hay que moverla igual
por cinco que por cincuenta.

La electricidad la misma,
la taquillera la misma,...,
la música enloquecida
exactamente la misma...

Pero lo que no es lo mismo
es que vaya la atracción
prácticamente vacía,
o completamente llena,
eso es lo que no es lo mismo.

Con pocos, ¡aburrimiento!,
con muchos, ¡algarabía!

Y la algarabía atrae gente,
y, si el precio es razonable,
la gente vuelve a subirse:
¿que a qué se viene a la feria...?:
¡a disfrutar!, ¿sí o no?

¡Pues, eso!: que no lo entiendo,
digo con sorpresa y pena.

¡Yo no entiendo a los feriantes!

A los feriantes de ahora;
que, antes, así no lo eran.

¡A los feriantes de ahora!,
que siguen esa política,
-¡maldita sea! esta palabra-
de trabajar ¡¡solamente!!
para el que dinero tenga.

Y, eso, menos aún lo entiendo:
¿para los ricos montarlas...?,
¿para los ricos traerlas...?:
los ricos tienen las suyas
en otros sitios, ¡¡so idiotas!!

O sea que ahora ¡¡ni eso!!
ha quedado para el Pueblo.

Ya, ¡ni las ferias, siquiera!;
¡¡muy triste!!, pero es así.

Que, ¡a ver!: ¿quién puede arrimarse
a los bares, a las tómbolas,
a los cacharros eléctricos...?

Son para los muy pudientes,
los que con mucho dinero...

Porque los feriantes ponen
unos precios ¡imposibles!
para la gente modesta.

Si unos padres con dos niños,
pretenden darle a sus niños,
eso: cinco o seis paseos...,
pues ya serán treinta euros...,
¡¡treinta euros cada uno...!!,

¡¡más!! del salario de un día,
de una jornada completa,
¡se dice pronto!: ¡¡de un día!!

Pues, entonces, esos padres,
a los dos de la manita,
¡y venga a darles garbeos...!,
¡y ya está!, ¡y ésa es su fiesta!

Les comprarán un helado,
un triste helado de fresa,
¡y ya está!, ¡y a darle al ojo!,
que otro remedio no queda.

Un triste helado..., y, ¡encima!,
¡¡cinco o seis veces más caro!!
que lo que cuesta en el "Lídel",
por ejemplo, o en el "Condis".

¡Pero ya está!, ¡es lo que hay!:
los papás, con sus dos niños,
¡el tonto allí, dando vueltas!

Lo que les queda a los pobres:
¡mirar!

¡Y rabiar de envidia!

Porque lo de los cacharros
y lo de las atracciones
lo pongo como un ejemplo.

Que, etcétera, etcétera, etcétera.

Que allí, de robarte, ¡¡en todo!!:

en los helados, las latas,
los churros, las chucherías,
los frankfurts, las palomitas…:
¡¡¡todo!!!, a precios descarados,
a precios desorbitados,
¡¡una estafa esquizofrénica!!

Y, a ver; lo quiero aclarar:
no es culpa de los feriantes,
o al menos no es toda ella.
Los auténticos feriantes;
que alguno aún quedará.

Ellos, también, otras víctimas
de este humillante Sistema
que se nutre, ¡¡obscenamente!!,
de lo que le roba al Pueblo.

Así de claro y rotundo
lo digo, ¡sí!, y sin reservas.

¡Que me da igual represalias
o castigos!, ¡me la suda
a mí!, esta patulea.
Yo, de este Sistema, ¡nada!

Sólo me lo trago porque
me lo tengo que tragar,
¡qué otro remedio me queda!

Que detrás de ese atraco,
del auténtico atraco,
que hoy día se hace en las "ferias",
en las "ferias populares",
-¡qué sarcástico! y ¡qué innoble!-
¡tras de ese auténtico atraco!,
lo que está es la inacabable
lista de tasas e impuestos,
¡¡sangrantes!!, ¡¡exagerados!!,
¡¡fuera de toda razón!!,
que nos agrian la existencia.

Por eso, insisto: la culpa
no es de los feriantes, ¡no!:
la culpa es del Sistema.

Que los tiene ¡acojonados!

Dándose ellos la paliza…,
yendo por ahí ¡como perros…!,
malcomiendo…, maldurmiendo…,
para sacar esas cuentas…

Políticos ricos, ¡¡sí!!,
feriantes ricos, ¡¡ni uno!!

Porque era un Sector ¡vital!,
una actividad modesta
que daba ¡mucho trabajo!

a mucha gente humilde
que se iban de feria en feria,
y, de unos años acá…,
de unos años para acá,
¡¡frititos!!, están a impuestos.

¡Todos los ayuntamientos!,
cobrando lo que ellos quieran.

Y, ¡claro!, ellos, los feriantes,
ellos, ¡¡cobardes!!, robándole
al de siempre, al que les queda,
al desgraciado de abajo,
al público, al visitante…

Para ellos poder pagarle
al alcalde o a la alcaldesa
de turno: ¡así de clarito!

Y, aunque digo que ellos víctimas,
¡grandes culpables! también,
pues que no le plantan cara
a esos mierdos y a esas mierdas,
mandándoles ¡¡a hacer gárgaras!!,
o, mejor, ¡¡a hacer puñetas!!

Pero se dejan pisar…,
y se prestan a ser cómplices
de este atraco pervertido…

El que se hace, ¡y lo repito!,
hoy día en todas las ferias…

¡Pero es lo que hay!, ¡¡y no hay más!!
¡Es lo que hay! Que, ¡¡qué pena!!
que ya tan pocos valientes.
En España, ya, ¡¡tan pocos…!!

¡Con los dedos de la mano!:
don Pedro Ruiz, Federico,
Del Bosque, César Vidal,
el bravo Profesor Neira…

¡Muy pocos!, ¡media docena!

            …

Pues, en fin; aquí la historia.

La historia de otra ilusión
que ya le han robado al Pueblo:
las ferias, ¡sí, sí!: ¡las ferias!

Las que en todos nuestros pueblos
de todas partes de España
se hacían para los humildes,
para la gente sencilla,
para los menos pudientes,
para la gente normal.

Que estos absurdos políticos
de izquierdas y de derechas,
y toda la extensa pléyade
de sindicatos mangantes…,
su única obsesión: ¡¡matarlas!!

Las ilusiones del Pueblo.

Y las tradiciones nuestras.

¡Matarlo todo!, ¡¡matarlo!!

Y, las ferias, un ejemplo.

Como ¡¡tantas!! cosas ya
se están matando en España.

Porque han clavado sus garras
en ellas ¡¡los sinvergüenzas!!

¡¡Y no hay quien pueda con ellos!!

¿Quién dice usted?: ¿don Felipe...?,

¿cuando llegue don Felipe...?:

¡vamos!, no me haga reír,
que los puntos se me sueltan.

Masuriel

41

Y he aquí la crónica de otro lamento.
O, mejor dicho, de otro desencanto;
que podría ir enlazado con todo lo anterior.

¡PASANDO! DE LA POLÍTICA.

¡Otra sandez en la prensa!

La de un estudio diciendo
que es que no nos interesa
la Política a los jóvenes.

¡¡Qué pecado tan tremendo!!,
¡¡qué sofoco!!, ¡¡qué pavor!!,
¡¡cómo me tiemblan las piernas!!

Desde luego, ¡¡vaya cara!!,
¡¡vaya morro!!, ¡¡vaya jeta!!

Del Diario, por supuesto,
y del autor, o autores,
de este gran "estudio-encuesta".

Ocho de Febrero, miércoles;
del Dos mil seis, por más señas;
en "La Razón Digital".

Cómo se forran algunos
sacando gilipolleces,
y otros cómo publicándolas.

¡Hala, hala…!, unos y otros,
sin el menor miramiento:
¡venga tinta y celulosa…!,
que sobran árboles…, ¡¡venga…!!

Y, a los jóvenes, ¡¡¡ni pizca!!!,
¡¡¡ni lo más mínimo!!!, ¡¡¡nada!!!,
esto dice el gran estudio,
¡¡¡un cero!!!, nos interesa.

Pues para esa conclusión
no hacía falta tanto rollo,
digo yo; esto lo veía
hasta el que asó la manteca.

Hasta un pringao como yo
podría decir eso, ¡y gratis!

Pues, gratis lo digo, ¡ea!:

A los jóvenes de Murcia,
a los jóvenes de Mahón,
a los jóvenes de Herrera,
de Irún, de Ciudad Real,
de Jaen, de Carcagente,
de Crevillente, de Huelva
de Reus, de Valladolid,
de Barcelona, de Cáceres,
de Villena, de Madrid,
de Albacete, de Melilla,
de Retuerta del Bullaque…

A la Mayoría Absoluta
de los jóvenes de España
¡¡nos la suda!! la Política,
pues ¡¡¡toda!!! una farsa infecta.

A la Mayoría Absoluta
de los jóvenes de España
¡nos la suda! los políticos,
pues ¡¡¡todos!!! unos mangantes.

¡Ya está dicho!: ¿y qué?, ¿y qué pasa?

Sin rebuscadas hipótesis,
sin mendaces eufemismos,
sin rodeos ni contravueltas.

¡Pues, eso!: pueden ahorrarse
las costosas encuestitas
para saber esas cosas.

Para saber que a nosotros,
lo de la unidad de España
¡¡mucho!! floja nos la deja.

¡Y a Europa le den por saco!,
¡y a la globalización!,
¡y al Obama y a su padre!

Y no estamos sindicados
ni un uno por cien siquiera,
porque el sindicalismo
es ¡¡¡todo él!!! una mentira.

Y el paro nos da lo mismo.
¡Y no creemos en los Jueces!
¡Y no iríamos a la guerra!

Y nos importa ¡un pimiento!
que si laico o si no laico,
y que si rey o que si reina.

Y aún podría seguir diciendo,
sin rodeos ni paripés,
un montonazo de cosas
que indiferentes nos dejan.
A los jóvenes de España.

Los jóvenes de entre, de años,
los quince y los ciento veinte:
¡¡pasando!! de la política.

Y del potaje con berzas.

Masuriel

"La familia Zapatero, ¿un patrimonio inmobiliario de un millón de euros?

A mediados de Octubre, el Gobierno hacía públicos los supuestos datos patrimoniales de sus miembros. En ellos, Zapatero decía poseer un patrimonio inmobiliario de 37.258,67 euros. El portal inmobiliario **Idealista.com** *aumenta el patrimonio del núcleo familiar hasta cerca de un millón de euros.*

El pasado 15 de octubre, el Boletín Oficial del estado hizo públicos los supuestos patrimonio de los miembros que componen el Gobierno. Nada más publicarse los mismos, este periódico informó de que los datos aportados eran una tomadura de pelo, pues no eran el reflejo de la realidad.

¿Por qué? Porque los datos eran de aquellos bienes que estaban exclusivamente a nombre del alto cargo y el porcentaje proporcional que estaba a su nombre, y en ningún momento se incluían los bienes que estaban a nombre de su pareja, que también es parte del núcleo familiar…El valor de los inmuebles era su valor catastral, no su valor a precio de mercado…

…Zapatero y Espinosa compraron en el año 2000 una vivienda en la urbanización Eurogar de Las Rozas por un valor de 345.582 euros…

…la familia presidencial compró en el año 2007 un chalet en la urbanización "El mirador de Vera", en la playa de Vera (Almería). El precio de compra del mismo fue de 440.000 euros…

…la familia Zapatero-Espinosa habría adquirido unos terrenos para la construcción de un chalet en una de las zonas más caras de León…

"¡PILLÍN, PILLÍN...!".

Esto, lo que le dijeron,
en "Idealista.com",
a primeros de Noviembre
del Dos mil nueve, al presunto
autor de mentiras múltiples,
al Rodríguez Zapatero,
al egregio Presidente;
esto es lo que le dijeron.

Indignados, mosqueados,
cabreados y coléricos,
y hasta con cierta razón.

Que es que, ¡claro!, el Presidente
había declarado, ¡el tío!,
-como era su obligación,
junto a todos los que forman,
en España, su ¿Gobierno?-,
había declarado, ¡el tío!,
que ¡todo su patrimonio!
eran treinta y siete mil
y pico cochinos euros.

Y eso, ¡claro!, es que sonaba
a tomadura de pelo,
y, ¡claro!, ¡manos a la obra!

Que aún quedan hombres honestos
-pocos- y algunas mujeres
-pocas-, y pues se pusieron
eso: ¡manos a la obra!

A averiguar la verdad
y a retratar al farsante.
"Presunto", obligan las leyes.

Y hallaron los argumentos
tajantes e incontestables.
Ya lo digo, así lo hicieron.

Y sacado a todas luces
en "**Idealista.com**".

Gentes, se ve, ¡con dos huevos!,
o ¡con un soberbio higo!
Gentes valientes, en suma.
Y sin miedos ni complejos.

Y los datos ahí están.
Ya los he dicho al principio
de este aseado capítulo.

Y yo, lo que ahora espero
es que haga don José Luis
un gesto de dignidad,
y reconozca los datos
dichos, o bien que les ponga
una querella ¡¡durísima!!
a los osados autores
de este informe ya hecho público,
y ahora, ya, a los cuatro vientos:
que una querella ¡¡durísima!!

Que le dé faena al Cándido.

Él o su dilecta esposa,
doña Sonsoles.
                          O eso:
sus dos niñas amantísimas:
una querella ¡¡durísima!!

Pues que si esto no lo hacen,
yo no lo vuelvo a votar
¡¡¡jamás!!!, ¡¡¡en la vida!!!, ¡¡¡nunca!!!

Porque será un ¡mentiroso!:
¡¡un falso!! y ¡¡un embustero!!

¡Sí, sí, sí!, el señor Rodríguez:
¡¡un mentiroso asqueroso!!,
o séase, ¡¡un delincuente!!
Que es lo que es aquél que miente.
Y yo eso no lo tolero.

¿Y si no te voto yo,
quién te va a votar, ¡a ver!?:

¿los cinco millones ya
de parados del Inem…?,

¿los más de nueve millones
de pensionistas famélicos…?,

¿los más de un millón del PER…?,

¿los ya casi tres millones
de abnegados funcionarios…!!?,

¿los tres millones de moros…,
los dos millones de negros…,
el millón de ucranianos
y el millón de rumanos…,
los cinco de hijos de América…?,
¿ésos te van a votar…?

¿y el Felipe?, ¿y el Roldán?,
¿la Maleni?, ¿el Gallardón?,
¿el Cándido de Ugeté?,
¿los Gabilondo uno y dos?,
¿el Maragall?, ¿el Sabina?
¿el Bautista?, ¿el Ramoncín?,
¿el Guayóming?, ¿el Bermejo?,

¿el Zerolo?, ¿la Bardem?,
¿la De la Vega?, ¿la Leire...?,

¿la Chacón, el Juez Garzón...?,

¿y ésos te van a votar...,

¡¡con lo que odian la mentira...!!?,

¿y ésos te van a votar...,
si ante el mangoneo y el trinque,
ésos, ¡¡¡tolerancia cero...!!!?,

¿y ésos te van a votar...?,

¿a ti te van a votar...?,

¿a ti te van a votar...?:

¡¡me das pena, Zapatero!!

                                        Masuriel

Insisto: hoy en día, uno se suele enterar de cosas, mayormente, leyendo la prensa digital.

Esto venía en las páginas de la COPE.

POR CIRCUNSTANCIA EXIMENTE.

A mediados de este mes,
-Septiembre del Dos mil siete-
se ha celebrado la Vista
y se ha dictado sentencia.
"Juzgado de lo penal
número uno, de Almería".

Que como ejemplo la cito,
pero ésta es sólo una más;
que sentencias como ésta,
en España, cada día.

Es el caso de un buen hombre,
al que lo han absuelto, en suma,
de todo cargo, porque iba,
en el día de los hechos,
más borracho que el hermano
del segundo de los yernos
de un tío del Joaquín Sabina.

Pues resulta que el pobre hombre,
el diez de Junio pasado
de este año del Señor,
volvió a su casa algo tarde.

Bueno, pasadas las ocho,
y eso, y del siguiente día,
y llegó a esa hora a casa,
o a la casa en que vivía
con su pareja de hecho
y con la hija de aquélla,
una chica de quince años,

y, como venía "simpático",
y ¡hasta las cejas! venía

por lo que se ha visto ahora
y en el juicio se ha probado,
a la madre y a la hija
les dio una manta de hostias;
a las dos las calentó.

La madre, cinco ingresada,
de días, recuperándose,
y, en lo tocante a la joven,
también hubo que asistirla
de múltiples erosiones
faciales, y otras cosillas.

Con rapidez meteórica,
como he dicho hace un momento,
tres meses después en punto,
el juicio se ha celebrado.

Y que así es como ha acabado:
absolución exhaustiva
"por circunstancia eximente
completa de embriaguez".

¿Y qué iba a salir?: ¡pues eso!,
¡¡pobrecillo!, ¿él qué sabía,
del daño que estaba haciendo?

Lo que no ha salido, ¡no!,
en este juicio rápido,
es si él, en algún momento,
llegó a consultar con ellas
que iba a ir a emborracharse
y que él ebrio volvería.

Más que nada, por si ellas
hubieran tenido a bien
no esperarle a él en casa
y, así, ahorrarse la paliza.

¡Pero no, no!; no salió
nada de eso en la Vista.

Quizás no le dio importancia
el señor Juez, quizás eso.

El caso es que allí la cosa
acabó como yo he dicho:
que él las calentó a las dos.

Que igual se lo merecían,
que yo ya ahí no me meto,
que eso ya no es cosa mía.

Ni me meto en si se iría,
¡¡el machote!!, a celebrar
la sentencia a su favor
no condenándole a ¡¡nada!!
porque iba trompa perdido:

"¡¡unas copitas…!!, ¿qué pasa…?,
¿usted no se ha animado
alguna vez, so pamplinas…?".

Ni me meteré tampoco
si a tomarse esas copitas
también se fue con el Juez.

O Jueza.

        Y si lo invitaron
por la cortesía debida.

Masuriel

"En Socuéllamos, Ciudad Real.

Dos marroquíes dan una paliza a una mujer embarazada por no llevar velo.

Dos hombres de nacionalidad marroquí han sido detenidos por la Guardia Civil en Socuéllamos (Ciudad Real) por propinar una brutal paliza a una mujer también marroquí, que sufrió un aborto a raíz de la agresión, por no llevar velo. Los agresores no conocían a la víctima.

Los hechos, conocidos este viernes, se produjeron el pasado 14 de octubre a las 9:00 horas en el colegio de primaria El Coso, cuando los dos hombres acudieron a recoger al hijo de uno de ellos y observaron a la mujer sin el velo islámico…".

(Libertaddigital.com, 06.11.2009)

POR NO PONERSE EL VELO.

¡Hombre…!, ésta sí que me gusta.

Hoy venía esta noticia,
que es de las que a mí me gustan.

Emocionante, simpática,
constructiva, educativa…

El día seis de Noviembre
del Dos mil nueve: ¡hoy mismito!,
y el "Libertad Digital",
ya lo digo, hoy la traía.

Y lo repito otra vez:
emocionante, simpática,
constructiva, educativa…

Dos caballeros morunos
que a recogerlo habían,
de uno de ellos, el su hijito,
pues eso, pues vieron que
al colegio también iba
otra morita como ellos…,
pero la tal, ¡por Alá!,
¡¡¡iba, la tía, sin el velo!!!

¡¡¡Sin el velo iba la tía!!!

¡Bueno, bueno, bueno, bueno…!

¡Perdón!, digo: la señora.

Y, ¡claro!, tamaña ofensa
a la sensibilidad
y a la vocación artística

de los dos moros paisanos…,
¡¡¡tamaña obscenidad!!!,

a la hembra descarada
iba a salirle ¡¡carísima!!

Se fueron a ella los dos,
-¡dos valientes!: ¡¡ellos solos!!-,
y los dos le propinaron
una colosal paliza:

collejas, hostias, capones,
pisotones en la espalda,
patadas en la barriga,
puñetazos en la boca,
arañazos en los ojos…:

¡¡¡una colosal paliza!!!

Consecuencia de la cual,
como estaba embarazada,
-porque, ¡encima!, embarazada
la provocadora histérica-,
como estaba embarazada,
pues perdió a la criaturita
que llevaba en sus entrañas.

¡Que hay que ver lo que hay que ver!

En fin; noticia ¡¡tristísima!!,
digo otra vez, y repito,
que nos obliga a pensar
y a analizar los detalles,
y a reflexionar a fondo.

Y, al final, uno termina
siempre en conclusión idéntica:

¡¡A ver!!, ¿y a quién se le ocurre,
si eres mora, ¡¡a ver!!, y a quién,
ir sin velo por la vida?

Se vienen a la Península,
y algunas se creen que ya
van a ser como españolas,
portuguesas o andorranas,
y entrar en esta vorágine
de pedorreo y de lascivia,
que aquí empezó cuando Franco,
que hay que decir la verdad,

que él decretó que en España
también norma lo del velo,
pero eso, llevado a medias…,
y hasta pudiendo quitárselo,
por ejemplo, cuando iban
a dormir…, o a pisar uvas…,

o cuando iban a segar…,

o cuando iban a cagar…,

o cuando iban a pelarse…

O sea: ¡¡una chirigota!!

Y ya, con la Democracia,
ya todo se echó a perder
de forma definitiva…,
pues que aquello se abolió…,

y, hoy, ya, el pañuelo se lleva,
hoy, ya, el pañuelo, lo llevas,
el pañuelo, si mujer,
tú, el pañuelo, hoy, ya, lo llevas
¡si te sale de la pipa!,

y ¡¡no!! porque alguien se atreva
a imponértelo, ¡ni leches!

Que, en este libertinaje,
el velo, una prenda más.

Y a ponértelo a la fuerza
aquí nadie ya te obliga,
que Franco ya está en el hoyo,
y ya en una democracia
totalmente complaciente
y al completo permisiva.

Y con este antecedente,
pues, ya digo, las moritas
se vienen aquí, y se creen
que también pueden quitárselo,
y se creen que también pueden
pasarse al libertinaje
que aquí el pan de cada día.

Y, ¡claro!, hay que comprender
que esto tenía que pasar,
como se ve que ha pasado.

Que, ¡claro!, los pobres moros
que día a día invadiéndonos,
tienen que andar, ¡¡pobres!!, dándonos
lecciones de seriedad
y de actitud positiva.

Que esto tenía que llegar.

Para que, tomando nota,
podamos un día volver
a recuperar el orden
y la cordura y la mística.

¡Que ya está bien de guarreo,
y ya bien de gamberreo!

Los hombres no: ¡de las tías!

Que nosotros…, más o menos,
algunos nos salvaremos
cuando aquí manden los moros,
pero las tías…, bueno, ésas…,
las nuestras, las españolas…,
de ésas no queda una viva.

Cuando los moros el mango
de la sartén otra vez,
otra vez volverá el orden
que truncó la Reconquista.

Y, las mujeres, ¡¡¡su velo!!!;
lo quieran o no, ¡¡¡su velo!!!

Y a la que no se lo ponga,
¡¡¡leña!!!, como a la morita
que se lo quitó en Socuéllamos.

¡¡¡Bien duro!!!, ¡¡¡una tunda buena!!!

Para que ¡la tía! aprenda.
Quiero decir, la señora.

¡Para que aprendan las tías!
Quiero decir, las señoras;
las que ahora nuestras señoras.

Y, además, los de la leña,
igual lo somos nosotros.

Que a nosotros sí nos quieren
los moros, y van a darnos
permiso para que os demos,

como no os pongáis el velo,
¡¡¡a todas!!!, buenas palizas.

Y por otras muchas cosas
en las que os estáis pasando.

¡Las mujeres, las mujeres!

¡Las de España, las de España!

Que, ¡anda!, que no tengo ganas
yo, ya, de que aquí se acabe
el caos y la anarquía
que ahora reinan en las calles.

¡Bueno…!, cuando aquí los moros…,

¡bueno…!, cuando aquí podamos…,

¡¡le voy a dar yo a la mía…!!

Masuriel

Como tantas veces los medios se ponen tan pesaditos con el tema, pues voy yo a dejar también aquí mi sabia opinión al respecto. Muy clara, y muy contundentemente.

¿PROHIBIR "EL BOTELLÓN"?

¿"El botellón"?: ¡vamos, anda!,
¡de ningún modo!, ¡ni hablar!,
de prohibirlo, ¡¡ni en sueños!!

El que se hagan "botellones"
ya es seña de identidad,
ya es algo nuestro ¡y muy nuestro!

Los jóvenes y las jóvenas
ya han aprendido a apañarse
y a no dejarse atracar
por todos los ¡buitres! ésos:

los de los bares, las tascas,
los baretos de las ferias,
las cantinas de los clubes,
los chiringuitos playeros…

Y ellos tienen que evitarlo;
los jóvenes y las jóvenas;
y hacen bien en defenderse.

Por eso, ¡¡nanay!!, ¡¡ni hablar!!,
del prohibir los "botellones",
como quiere el Zapatero.

Los jóvenes y las jóvenas,
¡¡muy bien!!, que se pongan fuertes.

Porque es una estafa auténtica
y es un auténtico escándalo
lo que roban todos ésos
que, del mostrador, detrás;
mejor, detrás de la barra.

De modo que "el botellón"
aquí se seguirá haciendo.

¡¡Por cojones!!, y ¡¡por rajas!!

¿Pero quién puede dudar
de ese derecho inherente
al ser humano, ¡a ver!, quién?

Bueno, ése: el Zetapé,
ése sí porque es un necio.

Pero por lo que le queda…,
¡¡ni puto caso!! a ése ya.

¿Y quién más puede negároslo,
aparte del Zetapé,
quién con, de frente, dos dedos?

No es sólo vuestro derecho;
es más ¡vuestra obligación!

¡Sí, sí!, jóvenes y jóvenas,
es más ¡vuestra obligación!,
reaccionar contra ese atraco.

Los de treinta para abajo,
¡todos! llamados al frente.

Y ahí, ¡tolerancia cero!

Que se enteren los ¡gentuzos!
que alimentan este rollo
de esta absurda democracia
que no os tragáis esa píldora.

Ya que con poco dinero,

pues vuestro, vuestro…, ¡lo mínimo!,
pues que es de vuestros papás,

que no os roben esos ¡falsos!,
esa piara de ¡ladrones!
que lucrándose vendiendo
el alcohol de todo tipo.

¡Que les vayan a robar
a sus padres!, ¡¡so bandidos…!!
¡¡A sus padres!!, si es que tienen…

Y vosotros, ¡a lo vuestro!

Los jóvenes y las jóvenas,
¡¡muy bien!!, lo que estáis haciendo,
la alternativa es genial:
"el botellón", ¡sí señor!,
"el botellón" carismático.

Que hasta un huequecito ya
se ha hecho en el diccionario:
¡"el botellón", sí señor!

Como respuesta del Pueblo
llano, limpio y espontáneo:
"el botellón", ¡sí señor!

Y yo, si aquí lo defiendo
es porque lo veo ¡¡genial!!

Aunque, ¡eso sí!, una peguilla
mínima querría poneros;
una pequeña apostilla
al vuestro acto esencial.

Que es ésta:

¡A ver!: lo montáis
de una manera espontánea
a través de esos móviles
que también vuestros papás
os pagan, o a través
del práctico "boca a boca...",
y eso está ¡¡guay!!, y ¡¡de miedo!!,

y os vais a un supermercado,
-y si un "Lídel", ya, ¡¡lo máximo!!-,
y os compráis vuestra bebidas
a vuestro propio criterio
y a precios de amas de hogar:
coca-colas, ron, ginebra,
cerveza, licor del polo,
naranjada, pacharán...,

es decir, echáis al carro
aquello que os apetece
y que os lo podéis pagar
con vuestra humilde pecunia,
lo que os dan vuestros papás,

y todo hasta aquí, ¡¡excelente!!,
¡¡fantástico!!, y ¡¡perfecto!!

El que no seáis pazguatos
y no os dejéis robar más
por esa piara de ¡¡hienas!!
que, de las barras, detrás;
repito, eso: ¡¡estupendo!!

Y debéis seguir haciéndolo;
éste es mi consejo sabio,
reiterativo y final.

Vosotros, organizaos
y haceos vosotros las fiestas

y emborrachaos noblemente,
que eso está ¡¡fenomenal!!

O sea, de objeciones, ¡nada!,
lo estáis haciendo ¡perfecto!,
repito, lo hacéis ¡¡perfecto!!

Y yo creo que "el botellón"
ya va a pasar a la Historia
como uno de los inventos
más guays, junto al del retrete
o al del papel de fumar,
que hoy vuelven al candelero.

"El botellón" emblemático,
el que nacido en España.

Y el que se difundirá
de forma masificada,
que es lo propio y lo correcto.

Que, desde España, hacia Europa,
y a América, y Asia, y África…

A Australia no, que no beben.

Ni al Polo Norte tampoco;
ni al Polo sur. Por el frío.
Y porque allí apenas bancos.
En las calles.

                  Ni en la China,
que los chinos y las chinas
todo el día están currando
y ésos, van ¡¡fatal!! de tiempo.

Pero a todo el resto, sí.

Desde España: "¡el botellón!",
"el botellón" integral,
el recio gesto de raza
y de rebeldía orgullosa
de los jóvenes de España;
los jóvenes y las jóvenas.

Pero, insisto, hay una pega,
insisto, hay una peguilla
que, francamente, le veo,
y que yo os quiero apuntar
para que sea ya ¡¡lo máximo!!,
y que no es otra que ésta:

cuando hagáis un "botellón",
como lo reglamentario
es que un mar de porquería
dejéis allá detrás vuestro:

de envases de "cocacolas",
de "trinas", de "kas", de "fantas",
de "caseras", de "mirindas…",
de envases de vidrios clásicos
de vinos y de cervezas…,
de envases de tetrabric
y otros cartones perennes…,
servilletas limpiahocicos…,
bolsas de plástico a cientos…,

y, como reglamentario
que, a vuestro paso, detrás,
restos de bebidas fuertes
y de bebidas que no agua
y vasos vacíos de plástico,

y como reglamentario
también que un rastro de vómitos
de los que menos expertos,

y pipí de los que tienen
el punto un poquito flácido,
-esto, ellas, las que más-,
y alguna caquita que otra…,

como es lo reglamentario…,

cuando hagáis un "botellón",
yo creo que lo que os falta,
que, en donde viva el Alcalde,
es donde vayáis a hacerlo.

Que lo montéis, ¡sin dudarlo!,
en el barrio del Alcalde.

Que ese simpático fleco
de desperdicios y heces
lo dejéis puntualmente
en el barrio del que manda,
o sea, del mandamás.

Como acto de nobleza
y, de las formas, respeto.

Por ser jóvenes y nobles,
y en lo mejor de la vida,
tenéis que sentir piedad
por los vecinos más débiles.

¡¡¡Jamás!!!, el dejar de hacerlo;
descartar "el botellón",
que ni se le ocurra a nadie,
pero, ¡eso sí!, en otro sitio,
en el lugar conveniente:
en el barrio del Alcalde,
repito, insisto, y reitero.

Como detrás de ese acto
un acto heroico subyace
de rebeldía espontánea
contra los atracadores,

y como un claro mensaje
para quien quiera entenderlo,
pues eso: dadle carácter
de total solemnidad.

Cuando a hacer un "botellón",
daos cita en un sitio lógico:
en la puerta del Alcalde.

En esa plaza hermosísima
en todo el centro del pueblo.
O ciudad, si es en ciudad.
En donde él come y duerme.

Ahí, "el botellón", ¡¡perfecto!!

Y la mierda que dejéis,
¡seguro!, la limpiarán;
ya se encargará él mismo.

Y a lo mejor hay la suerte,
a lo mejor, de rebote,
hasta percibe el mensaje
que queréis darle: ¡es posible!

Y si no en una semana…,
pues dos…, tres…, ¡si os sobra tiempo!

A ver si cuenta se da
de lo que queréis decirle,
-para eso es un cargo público-,
y él les prohíbe a sus bares,
a los bares de su pueblo,

o su ciudad, si es ciudad,
que os roben más como os roban.

Y os pongan precios decentes.

Y podáis volver a ellos,
a los que siempre antes íbamos,
y no tengáis más que andar
tirados ahí por la calle
como apestados patéticos.

A la puerta de la casa
del Alcalde. O de quien sea.
Pero, ¡eso sí!: de un pez gordo.

De los que hacen las leyes
y redactan los decretos.

...

Pues ya está, pues ésta era
la peguilla que quería,
al "botellón", yo añadirle,
ésta la que yo quería;
la única que poneros.

Por esto empiezo diciendo
que, de prohibirlo, ¡¡nada!!

"El botellón" es un acto
que nace por la injusticia
del tal abuso indecente
de los mangantes autóctonos:
los de los bares, los clubes,
las tascas y las cantinas,
y etcétera, etcétera, etcétera.

O sea, prohibirlo, ¡¡jamás!!
Porque es un acto legítimo
de defensa frente a ¡obscenos!
O sea, prohibirlo, ¡¡nunca!!

Eso sí: quienes lo hacéis
"el botellón", sed coherentes;
un poquito más de lógica,
y un poquito más de clase,
y un poquito más de ingenio.

Dar por saco y protestar
es lo justo y es lo lógico.

Pero eso, al que os arremete;
no al infeliz, ni al tontaina,
o séase, a los pringaos.

Ponedle hecha ¡una mierda!,
¡al que os agrede!, su calle;
al que deja que otros vivan
robándoos y estafándoos;
su calle, ¡un estercolero!

"El botellón", a su calle;
a la puerta de su casa.

No a las puertas de las casas
de pobres muertos de hambre
que tienen que madrugar
para ir a cobrar un PER,
o una baja, o un subsidio…

O madrugar para ir
a vender a un mercadillo…

O madrugar para ir
a fregar una escalera…

O madrugar para ir
a cuidar a un hombre enfermo,
o a un niño al que sus papás
tienen que dejar solito...

O madrugar para ir
a currar en el Inem...

Es decir: dadle sentido
al "botellón"; sólo es eso.

¡Sólo! es eso lo que os pido:
sentido y seriedad.

¿qué?: ¿se entiende, o no se entiende?,
¿se entiende, o no, mi consejo?

¡Ah!, ¡eso sí!: y ya, después,
le pedís que os dé trabajo.

Al Alcalde, o al que sea.

Como él verá que sois ¡¡¡tantos!!!,
igual hasta os lo concede,
a cada uno, un puesto.

Bueno, esto ya es una broma
sin malicia y sin dobleces,
y hecha con todo respeto.

Masuriel

Veinticinco de Julio del Dos mil ocho.

Hoy daban otra noticia esperpéntica.
¡Si es que aquí no se acaba nunca!
Las teles, las radios, los diarios…

Y, como siempre, adornándose con titulares e
imágenes sensacionalistas, como ¡tanto! les gusta
a unos y a otros hacerlo.

Y, total, porque a un fulano ahora se ha
descubierto que un Juez lo había condenado
injustamente, y ese fulano se ha tirado 13 años en
la cárcel sin necesidad…,
y ahora andan diciendo y enredando por ahí…

Queriendo buscarle tres pies al gato a un
pequeño error comprensible y disculpable de otro
pobre Juez español, ¡¡pobre hombre…!!
Vamos, ¡lo de siempre!

¡Otra vez! los adictos a la crispación y al
guarreteo, ya se sabe.

¡PUES POCO TE HICIERON, BIZCO!

Pero, ¡hombre!: ¿a quién se le ocurre
ir por ahí, siendo bizco?

¡Mira que andar por la calle
un bizco…!, ¡un tío tan feo…!

¡Tan feo!, y ¡tan retaco…!,
que ¡qué retaco, joder…!:
un metro cincuenta escaso.

¡Mira que andar por ahí
con esa cara!, ¡ese cuerpo!
¡y esos ojos galceados…!

Luego pasa lo que pasa.

Pues, ¡muy poco te ha pasado!,
¡muy poco te han hecho, bizco!,
por lo que te merecías,
¡chupachupes!, ¡malandrín!,
¡imprudente!, ¡insensato!,

¡pues muy poco ha sido, bizco!,
¡pues muy poco te ha pasado!

¿Trece años en la cárcel?:
pues ¡muy poco, ¡sí, sí, sí!,
¡muy poco, sí, sí, muy poco!

¡Tendrían que haberte colgado!,
por ir ¡¡tan feo!!, por ahí,
con esa cara de tríptico,
asustando a los chorizos
y asustando a los rumanos.

¡Y tenían que haberte dado
más palos que al "Lute", hombre…!,
por serlo, ¡tan descarado!
como ahora lo sales siéndolo.

Que ahora, ¿qué quieres: quejarte
por los trece años largos
que te has pasado en la cárcel,
cuando tú no habías sido
el violador…?, ¿eso quieres…?

Es que ¡te daría de hostias…!,
¡¡estúpido desgraciado…!!
¿Qué quieres ahora: quejarte?

Tanto que miró por ti
el Juez que te condenó,
¿y así se lo estás pagando…:
quejándote como un mierda…?

Con el favor que él te hizo
sacándote ¡¡¡trece años!!!
de la calle y de los vicios…

Con lo que ya te has ahorrado
en tele, en cine, en música…,

y en comida, y en zapatos,
¡y en billetes de autobús…!

Desde luego, es que ¡hay que ver,
hoy, en esta España estúpida!,
cuánto pervertido, cuánto.

Cuando a uno lo regalan
con un favor como ése,
que, ¡encima!, vaya quejándose…
Esto es ¡¡la rehostia!!, vamos.

¿Qué quieres, ¡¡so mandilón!!,
que ahora te pida perdón
el pobre Juez…?, ¿eso quieres…?

¿A ti…, ¡bizcucho mugroso…!?,
¿que a ti te pidan perdón…?

¿Y que te indemnicen, ¡¡cínico…!!?

¿Y que te resarcien por
los trece años pasados
en la cárcel tontamente…?,
¿eso quieres ahora, ¡¡idiota…!!?

¡Pues, mira!, aún estás de suerte.

Que, como yo fuera el Juez,
lo ibas a tener conmigo
más crudo que el cuerpo un rábano.

¿Y las pajas que te hiciste
en la cárcel…, y ésas qué?,
¿y de eso ya no te acuerdas…?

¿Y las panzadas de "pitsa"
que te diste, ¡so cernícalo…!?

¿Y la burrada de amigos,
y lo que tú te reías
con la burrada de chistes
que te contaban los sábados…?,
¿qué, de eso ya no te acuerdas?

Pues, ¡tantas!, ¡¡tantas!! prebendas,
tú no te las merecías,
que lo sepas, ¡¡mascapuyas!!

Pero ¡¡todas!! fueron tuyas.

Y, ¡encima!, ahora te sales
quejándote y lloriqueando…

Y tu abogada, ¡otra cínica!,
ésa también…

                    Presumiendo
de que ella, quien te ha sacado
de la cárcel…, ¡¡la gordancha…!!,

¡y un pastón! te habrá cobrado,
la tía asquerosa…, ¡¡la buitre…!!

Con la de cosas que hay
que hacer, hoy día, en España,
y esa tía ¡enredando!
y queriendo cuestionar
una sentencia ejemplar
que dictó un Juez ejemplar
hace eso, ¡¡¡trece años…!!!

Pues ¿qué iba a dictar, joder?:
que, el culpable, un tío ¡¡horroroso!!

¡¡Y un monstruito!! ¡Como tú!

¿Tú ibas a ser inocente…?,
¿tú…?, ¿tú…?, ¿con ese careto…?

¡Vaya una cara de mono!,
¡y vaya un pelo de liebre!,
¡y vaya un cuerpo de sapo!:

¿tú ibas a ser inocente…?

Creo que antes ya lo he dicho:
¡tendrían que haberte ahorcado!,

y así habríamos concluido,
con esta enojosa causa.

Así que, ¡anda, no te quejes...!,
deja ya de ir pregonando
por las radios y las teles
que te han llevado a la ruina
la vida, y esas ¡chorradas!
que dicen todos los cínicos,
todos los oportunistas,
de ésos que aquí ¡a capazos!,

y, ¡anda!, ¡y cierra ya el pico!,
¡y deja de dar por ano!

¡Y quédate ya en tu pueblo
y opérate ya, joder!

Que te enderecen los piños,
y te alineen esos ojos,
y te injerten unos zancos.

Y al Juez, a Su Señoría,
déjalo ya, ¡hombre!, tranquilo,
¡déjalo ya, al pobre!, en paz...,
que ¡bastante hizo por ti!

¿Qué más quieres, ¡¡mentecato!!?,
¿qué más quieres, ¡¡lamehigos!!?,
¿qué más quieres, ¡¡soplacántaros!!?,
¿te parece que hizo poco...?

Si yo fuera él, ¡¡ahora mismo!!,
a ti y a tu abogada,
¡a esa tipeja sebosa!,
yo os empapelaba, ¡y bien!

¡Y os expulsaba de España!

Que no siguierais aquí
más espectáculos dando
como el que ahora estáis dando.

Que ¡ya está bien de injusticias
y de actitudes canallas!,
¡¡¡sinvergüenzas!!!, ¡¡¡malparidos!!!

Sobre todo tú, ¡¡¡enano!!!

¡Sí, bizcucho!, ¡sí, sí!, ¡¡¡tú!!!

Desde luego…, ¡y eso sí!:

cuando vengas al Inem…,

¡bueno…!:

¡¡¡vete preparando!!!

                                        Masuriel

47

En esta vida, casi nunca puede uno
estar seguro de los pasos que da.

Y casi siempre elige uno
el camino equivocado.

¡QUÉ PACIENCIA, SEÑOR, QUÉ PACIENCIA!

Ya lo he contado otras veces.

Yo llevo una pila de años
trabajando cara al público.

Trabajo en la cosa pública,
o sea, en la Administración;
es decir, soy funcionario.

Por tanto, soy otra víctima
propiciatoria, ¡otra víctima!
de haraganes, perezosos,
hipocondríacos y sádicos.

Quise ser servidor público…

¡Los errores de la vida!

Porque está más que probado:
de los oficios de España,
es éste, el de funcionario,
¡el más desagradecido!

Yo, que un hombre ¡tan cabal!,
y un hombre ¡tan campechano…!

Yo me voy tranquilamente,
cada día, a mi oficina…,

cuando no estoy con la baja
por ansia, por depresión,
por angustia, por zozobra,
por congoja, por estrés
o desmoralización,
o no estoy con resfriado…,

y yo, que ¡¡tan puntual!!
a la hora de almorzar,
con lo único que me encuentro,
un día detrás de otro día,
es con gente impertinente,
intransigente y dañina,
como he dicho hace un instante;
porque yo no me lo callo.

Y esto es muy duro, ¡muy duro!

¡Raro!, que de vez en cuando
te llegue un alguien prudente,
al que le digas lo propio:
"que vuelva al día siguiente",
y no se vaya enfadado,

y vuelva, el tío, o la tía,
al día siguiente otra vez,
y otra vez lo hagas volver,
y él se vaya, o ella se vaya,
y vuelva otra vez de nuevo
sin apremios ni arrebatos.

Pero eso, ¡uno entre mil!

Por desgracia, hay muchos más
que, al final, has de atenderlos
aunque te salgan las tripas
o se te caigan los párpados.

Tú lo atiendes, como digo,
porque el hombre, al fin y al cabo,
o la mujer, dicho sea,
es, o son, hijos de Dios,

y tú, pues te haces cargo
de que es un caso de lástima,

y tú, pues, ¿qué vas a hacerle,
si eres todo corazón?:
pues vas, y le atiendes -digo-,
y ahora te das que el fulano,
-o la fulana, aún más veces-,
va, y a ti, se te engallita
a exigirte una respuesta
clara, precisa y coherente...

Pero, ¡oiga!, ¿usted qué quiere?:
¡se confunde!, ¡se equivoca!,
¡se columpia!, al elegir
sus modales y sus trazos.

Si usted viene aquí a pedir,
ha de venir ¡suplicándome!,
¡de hinojos!, ¡arrodillado!

Eche mano a la humildad,
tráteme con deferencia
y con exquisito tacto,
y hágame usted reverencias
y no yerre en la estrategia
abrumándome de facto...,

¡no me entre como un potro...!

¿No comprende usted que yo,
si me llego a cabrear
propiamente y justamente,
-en un sentido retórico-,
puedo soltarle un sopapo?

Pero, ¡bueno!, ¿usted, qué quiere,
que ¡encima! de que atendiéndole
porque así soy de altruista,
y así lo soy de abnegado,
¡¡encima!!, tenga que darle

una respuesta solvente,
detallada y específica,
y ajustada a lo que quiere...?

Pero, ¡bueno!, ¿en dónde estamos?:
si tiene usted tanta prisa,
¡conéctese a la Internet!,

y no me dé a mí por saco
con idiotas preguntitas,
¡oiga!, que, ¿usted qué se cree,
que por lo que aquí me pagan
voy a estar yo ¡¡todo el día!!
impertinencias tragando...,

¡¡y un cinco por ciento menos!!,
que esto ya es ¡para cagarse!,
con perdón, ¡lo último, vamos...!?

¡Ande!, ¡venga!, ¡arrée!, ¡¡váyase!!,
¡¡quítese usted de mi vista
ahora mismo, cacho vago!!

¡¡Ande!!, ¡¡venga!!, ¡¡arrée!!, ¡¡váyase...!!,

¡¡¡humo...!!!, ¡¡o le estampo una hostia!!,
que ya me está usted cargando.

Me quedo a veces con ganas
de decírselo a ese bruto,
o decírselo a esa bruta.

¡Por Dios!, qué vida tan dura
llevamos los funcionarios,
¡por Dios, qué vida tan perra!

Qué paciencia hay que tener,
desde luego, ¡¡qué paciencia!!

Ni sé cómo estamos vivos,
no sé ni cómo aguantamos.

La de gente borde que hay
hoy día, ¡la de bordes que hay!

La de bordes que hay en Bélgica.

¡Y, en Holanda, no digamos!

Masuriel

Pues, ¡anda, que éste no es viejo!

Yo lo oí en tiempos de aquél,
del déspota ¡¡¡horrorosísimo!!!.

De aquél que, cada vez más,
por aquí ya se está oyendo:
"¡Pues mira!, no era tan malo".

De aquél, ¡sí, sí, sí!: de aquél.

Desde entonces, ¡¡si ha llovido!!

Ya, más de lo necesario.

Y no ha podido guardarse
el agua, porque no se hacen,
desde entonces, más pantanos.

Pero llover, ¡¡sí ha llovido!!

Pues ahora voy yo a contarlo.

¡Pues eso!: ¡ a lo que íbamos!,
¡pues eso!:¡ a lo que vamos!

REIVINDICACIONES LABORALES.

¡Pues eso!: que estaban todos
los Enlaces Sindicales
y los Jurados de Empresa,
aquella tarde de jueves,
en asamblea general,
y, al personal, pues contándoles
lo que ya habían acordado
con la empresa.

       O lo que habían,
¡gracias a su gran tesón!,
¡gracias a su gran esfuerzo!,
¡gracias a su gran lealtad!,
-de ellos, de los Enlaces
y los Jurados de Empresa-,
comprometido a la firma.

¡O conquistado! ¡O ganado!

Que así se hacían las cosas,
en aquellos años épicos,
en el mundo laboral.

-    Pues le hemos sacao a la empresa
     lo siguiente:

   a)   Un mono nuevo,
        guantes, zapatos y gorra,
        cada diez días, ¡ni uno más!

   b)   Taquillas individuales
        con fotos de tías desnudas
        para dentro, y calendario.

   c)   Duchas con agua caliente.

d)   Tres pagas de Navidad.

e)   Tres del Dieciocho de Julio.

f)   Vales pa el economato.

g)   Un treinta y cinco por ciento
      de aumento del sueldo neto
      este año y el siguiente;
      del sueldo, y las horas extras.

h)   Ayudas pa los colegios.

i)   Jornada de nueve a once,
      y eso: de lunes a jueves;
      y hora y media pa almorzar.

h)   Billetes pa el autobús,
      o pa el Metro, a quien los quiera...

-     ¡¡Eh, macho...!! -interrumpe uno,
      un tal José Luis Corcuera-,
      ¡oye...!, y de las vacaciones...,
      ¿de eso no habéis hablao na?

                    ...

¡Pues no!, pues no habían hablado,
tuvo que reconocérselo
el Enlace Sindical
públicamente, ¡¡no, no!!:
no habían hablado de eso.

¡Malos tiempos!, ¡duros tiempos!
Los obreros, cuando Franco,
¿pasarlo?: bueno, ¡¡¡fatal!!!

                                    Masuriel

(Original, año 1967)

Yo recuerdo que cuando era niño, los niños aprendíamos rápidamente a solucionar nuestros problemas. Por ejemplo, si había un grandullón muy pegón en el colegio o en el pueblo, tú te plegabas a todos sus deseos, y ya está: a ti ya no
te pegaba. ¡Que no éramos idiotas los niños de entonces, que no, que no!

Pues este principio moral tan básico y tan práctico que yo aprendí cuando niño volvió a ponerse de moda, y volvió a ponerse en práctica cuando lo del Iñaki De Juana Chaos.

Y algunos muy conocidos dirigentes lo ponían
en práctica. Que lo sabemos.

¡SÁLVESE QUIEN PUEDA!

¡¡Sí!!, ¡¡por Dios!!, ¡¡déjenlo en paz!!,
dejen ya a ese ¡¡malnacido!!,
que lo van a volver loco
con tanta y tanta presión
psicológica, ¡ya déjenlo!

La cruel enmendación
de noventa y seis a doce,
de doce a tres, y, al final,
¡que él se vaya tan tranquilo!
a hacer puzzles y reposo,
y a tocarse los bolones...:
Jueces, por favor, ¡aclárense!

¡Y lo van a volver loco!,
los de la A-uVe-Te,
con tanta concentración
y tanto reproche cívico.

¡Pero, hombre!: ¡un respeto
y una consideración
para con ese ¡¡mal bicho!!

¿Qué reposo, ni qué leches...,
si no lo dejan vivir...?

¡Aclárense, sí, aclárense!:
Jueces, ¡por favor!, aclárense...,
víctimas, ¡por Dios!, aclárense...

Pero, ¿ustedes creen que es justo
que a ese ¡¡bruto sanguinario!!
se le dé tanto suplicio?

¡Leche!, ¡ya está bien de acosos!

¿Que es que él no se ha arrepentido?:
tiene derecho a ser bárbaro
y a carecer de principios.

Y derecho a ser un ¡¡cafre!!,
y un execrable ¡¡asesino!!,
y un ¡¡criminal!! despreciable,
y una ¡¡hiena!!, y una ¡¡rata…!!

Todos tenemos derechos
humanos inalienables,
pues que con ellos nacimos.

¡¡Déjenlo ya, pues, por Dios!!,
que ese pobre ¡¡mala bestia!!,
debido a ¡¡tanta!! presión,
ha tenido que hacer huelga
de hambre, y está endeblísimo.

¡¡¡Cuatro meses!!!, a jamón
de york, y a miel de romero,
y a bollitos de pan Bimbo:
¡¡¡cuatro meses!!!, ¡¡¡cuatro!!!, ¡¡¡cuatro!!!

Y a algunos bombones, ¡pocos!,
y a algún que otro cafelito.

Y, ¡encima!, con la desgracia
de una novia calentorra,
que, ¡¡todo el día!!, exigiéndole
lo que Marujita al Dinio.

¡¡Joder, que no hay quien lo aguante…!!,
que ese ¡¡humano desperdicio!!
no va a llegar, tan siquiera,
a centenario, ¡joder…!

Que entre una novia linfómana
y los reproches continuos
de tiquismiquis tontainas,
¡van a terminar con él!

¡Déjenlo en paz, por favor!,
¡déjenlo en paz unos y otra!,
que esto ya es persecución,
que esto ya es puro sadismo.

¿Merece ese ¡¡depravado!!
una vida tan precaria
y tan llena de castigos?

Con lo orgulloso que es él,
imagínense qué palo,
tener que estarle al Aznar
¡¡¡muy, muy, muy agradecido!!!,
porque aquél se empecinó
en ponerlo a él en la calle
tras de haber hecho efectivos
diecisiete, de tres mil
que tenía que haber cumplido.

Esto, así, para empezar.

Tener que darle las gracias,
¡nada menos que al Aznar!

Porque, bueno, en realidad,
yo me pregunto: ¿y qué hizo?,
¿qué ha hecho ese ¡¡criminal!!:
¿masacrar a veinticinco
españolitos de a pie…?,

¿eso es lo que ha hecho ése…?,
¿ése su grave delito…?

¡¡Aún quedan muchos, joder…!!,
¡¡no hay para tanto, cojones…!!,
más murieron en el circo
romano, cuando Nerón,
y nadie allí se quejó,
y nadie dijo ¡¡ni pío!!

¿O qué ha hecho ese ¡¡caín!!:
burlarse y cachondearse
del llanto de las familias
de inocentes abatidos…?

¿Qué: no puede uno reírse…?:
¡pues anda, que no se ríen
el Moreno y el Monchito!

¿O qué ha hecho ese ¡¡bastardo!!:
amenazar a los Jueces
y decirles en su cara
que todos unos cabritos…?:
cabrito es un animal
que en Vasconia es muy simpático.

¿O qué ha hecho ese ¡¡cínico!!:
amenazar a unos pocos
carceleros caguetillas…?:
eso es jerga de las cárceles,
que sin la menor malicia.

¿O qué ha hecho ese ¡¡bellaco!!:
chulearse y presumir
de no estar arrepentido…?

¿Y esas tonterías estúpidas
son para ponerse así…?,
¿para ¡¡¡todos!!! contra él…?,
¿para acosar, día tras día,
a ese ¡¡barrabás maldito…!!?

Desde luego, ¡qué vergüenza
de gente y de País!

¡Si, sí!: ¡vergüenza de España!,
que no me corto en decirlo.

Que a un punto estamos llegando
tal, de violencia y crueldad
para con los terroristas,
para con los carniceros
de la más baja calaña…,
que somos ya…, ¡¡¡como fieras!!!

Bueno, somos no: ¡son!, ¡son!,
que yo, de esa iniquidad
y de esa brutalidad
y de esa sed de venganza,
¡¡¡en nada!!!, yo participo.

Yo, lo digo sin rodeos:
yo estoy de parte de usted,
señor Iñaki De Juana.

¡Sí, sí, sí!, don Iñakito:
yo sí estoy de parte suya.

Cuando vuelva usted a matar
-porque ése es su destino-,
cuando vuelva usted a matar
a otro pobre españolito,
¡¡¡por favor!!!, ¡que no sea yo…!,
¡ande, porfa…!, ¡¡que no sea…!!

¡Que yo soy su amigüito!

Masuriel

A la hora de venderlo, sin duda es el adelanto
más trascendental de nuestro tiempo:
los anuncios por la televisión.

Sobre todo, para vender los perfumes.

SE HAN PASADO DE LA RAYA.

Le decía un torero a otro
el otro día, en tono cínico,
mientras almorzando al sol
en la puerta de una fábrica:

" Que lo hicieran por guasona,
por cordial, por informal,
por botellosa, por perla…,

a mí, que fuera por eso,
pues tendría un pase, un porqué,
me parecería ¡divino!,

pero eso de presentárnosla
como encantadora, sexi,
sensual, provocadora,
tentadora, seductora…,

me parece a mí que ya
¡es pasarse ya un poquito!

Me refiero a la 'Rosario',
la que antes 'Rosariyo',
la hija de 'La Faraona',
la de 'La Lola de España'.

Que se volcaba en sus hijos
y los metía ¡¡en todas partes!!,
y los dejó en un lugar
al que por sus propios méritos
¡¡jamás!! lo habrían conseguido.

Me refiero a esa 'Rosario'
la que antes 'Rosariyo'.

Y que ahora en la campaña
ésa que ahora poniéndonos
todo el día, a todas horas,
y en donde a ella la sacan
anunciando un perfume:
'*Siento*', o algo parecido,

de esencias de no sé qué,
y en el que aparece ella,
la 'Rosario', o 'Rosariyo',
limpísima, arregladísima,
y con una piel finísima
y unas manos sutilísimas...,
pasándoselas, gachosa,
por el cuello y por las tetas,
insinuándose a lo vivo...,

y en unas tomas cercanas
en las que ¡¡ni un solo vello!!,
¡¡ni un verruguín en su físico...!!,
¡¡ni una arruga!!, ¡¡ni un furúnculo!!,
¡¡ni en el bigote un surquillo...!!

¡Hombre!, y yo creo que se pasan
en ese clip comercial
un poquito, los 'creativos'.

O son unos socarrones
¡¡de cojones!!, que burlándose
de una pobre pobrecilla
que buscándose la vida
como puede...,

        o que la pintan,
pues eso: de oportunista
que echándole morro ¡a quilos!

Una u otra cosa es.

Y a mí es que ya me da pena
verla ahora en un papel
tan forzado y tan patético.

¿'Rosario' -'La Rosariyo'-,
haciendo de 'Matahari…'?:

¡¡se han pasado de la raya!!

¡Se han pasado treinta pueblos!

¡¡Treinta y uno, mejor dicho!! ".

                    …

Pues esto estaba diciéndoselo
un torero a otro torero,
uno Licenciado en Químicas
y el otro Doctor en Física,
en la puerta de una fábrica,
que, ambos dos, al solecito.

Y cuando yo los oía,
para mí yo me decía:

hay que ver la ¡¡¡mala leche!!!,
¡hay que ver la ¡¡¡mala baba!!!

de los toreros de Egipto.

                                    Masuriel

51

Que qué suerte tienen algunos en eso del trabajo, ¡caray!, ¡que qué suerte tienen!

Algunos, tienen tanta preparación y tanta formación y tan buen currículum, que cuando dejan un trabajo, ya tienen inmediatamente ¡¡una pila!! de otros,
para elegir.

¡Qué rabia!: y uno, toda la vida tirado en el Inem...,
en donde no colocamos ¡¡ni a Dios...!!

SE NECESITA OPERARIO.

- ¡Muy buenas…!, es que venía
  a por eso de ese anuncio…,
  que buscan un operario…

- Lo buscamos, es verdad.

- ¿Y no exigen experiencia?

- ¡Ninguna!, que igual nos da.

- Y la edad…, ¿también igual?

- ¡Sí, sí!, la edad nos da igual.

- ¿Y hombre o mujer da lo mismo?

- Efectivamente, sí.

- ¿Y no exigen Catalán…?

- ¿Catalán, cuál: el del Fabra…?:
  ¡no, hombre, no!, ¡qué va, qué va!

- ¡Y no exigen referencias?

- Bastará con su palabra.

- ¿Y nada exigen de estudios…?

- ¡Nada!, incluso analfabeto.

- ¿Y no exigen para el puesto
  el carnet de conducir…?

-   ¡No, no!, aquí no hace falta;
    ni que disponga de vehículo.

-   ¡Ah!, y, jornada de trabajo…,
    ¿es ésa…, de diez a doce,
    y eso…, y de martes a jueves…?

-   ¡Exacto!, usted la ha dicho.

-   Y, el sueldo…, ¿seis mil quinientos
    netos, al mes…, quince pagas?

-   Bueno, sí, para empezar;
    después lo revisaríamos.

-   ¿Y el contrato cómo es: fijo?

-   ¡Claro!, sí, el contrato, ¡fijo!

-   ¿E incorporación inmediata…?

-   Si usted lo acepta, ¡¡ahora mismo!!

-   Bueno, pues…, pues muchas gracias….,
    bueno, me lo pensaré…,
    es que estoy algo indeciso…
    Si acaso…, ya les diré…

    Es que tengo otras cosillas,
    que me gustaría mirármelas.

-   ¡Muy bien!, piénseselo usted…
    ¡Muchas gracias! por venir,
    señor Montilla: ¡¡a sus órdenes!!

-   ¡No se merecen!, amigo.

                                        Masuriel

Y con el siguiente tema me hacía otra reflexión.
Diciéndome:

Este Mundo está lleno de enterados.
Bueno, España, al menos,
está llena de enterados.

¡Y no tenemos remedio!, yo concluía,
desde que aquél…

Y "aquél", era el señor del que yo he hecho
mención en más de un tema. Lo aclaro.

SEAMOS SERIOS Y LÓGICOS.

¿Cómo?, ¿qué?, ¿que no hay trabajo...?

¿Que en España no hay trabajo,
hoy día..., en el Dos mil once...,
ni lo había el año pasado
ni el que iba antes de aquél...?,
¿y que el Dos mil doce igual,
y que lo mismo el siguiente...?

¿Y que culpa es de ese grajo
al que llaman Zetapé...?

¡Pues no!, ¡pues no estoy de acuerdo!:
en España, ¡sí hay trabajo!

¡Y yo sé lo que me digo!:
en España, ¡sí hay trabajo!

Y lo hubo el año pasado,
y lo va a seguir habiéndolo
éste, y el que viene, y otro,
y otro, y otro, y otro, y otro...

Y, ¡¡sí!!, gracias a ese grajo,
al que llaman Zetapé.

¡Seamos serios y lógicos!:
en España ¡¡sí hay trabajo!!

Trabajo, hay ¡mucho!, ¡¡muchísimo!!,
¡¡¡como nunca!!!:

En el Inem.

Masuriel

Aunque también sé que esto no servirá para nada, lo repetiré y lo repetiré y lo repetiré una y otra y otra y otra vez.

Como si de un lamento.

¡TANTA DESHUMANIZACIÓN...!

¡Sí!, lo habré dicho cien veces;
cien, por decir una cifra.
En mis versos, ya, ¡¡cien veces!!

Y es por mi preocupación
sobre la extraña deriva
que van tomando las cosas.
Las cosas que están pasando
a nuestro alrededor.

Lo que hoy en día se está haciendo
con las pautas cotidianas,
con las tareas cotidianas,
con las mañas cotidianas,
el nuevo rumbo que toman
las cosas que cada día
pasan, queramos o no.

Y, como siempre, un ejemplo:

Ayer mismo, yo tenía
que desplazarme a Rubí,
un pueblo que, de mi empresa,
pues a unos veinte kilómetros.

Y como que ahora yo
no conduzco, ¡pues al tren!,
la línea de cercanías:
"Ferrocarriles Catalanes".

Y me llego a la estación.

Y ya empieza la epopeya,
pues en la dicha estación,
no hay ¡¡¡ni una sola persona!!!,

¡¡¡ni uno sólo, de empleados!!!
de lo que es la Compañía.

Las taquillas en donde antes
te comprabas el billete,
ya esas taquillas ¡ni existen!,
ni allí hay tranviarios…,
ni nadie de vigilancia…,
ni Jefe de la Estación…

Allí, unos aparatejos,
o, si se prefiere, máquinas,
con su pantalla, botones…,
para sacarte el billete
¡tú mismo…!, y en Catalán,
¡claro!: ¡sólo en Catalán…!

Y ésa, la única opción.

O sea, que si no lo entiendes
porque tú estás por encima,
porque tú eres español
de Galicia, de Castilla,
de Extremadura, de León…,
si no lo entiendes, ¡pues eso!:
a rogarle a alguien que veas,
que te diga a ver qué pone,
y te ayude, ¡por favor!

Y, lo segundo, que sepas
manejarte con la máquina:
¡la máquina del Copón!

Porque, igual: pedirle a alguien
que te eche una manita…
Aunque, sin duda, uno habrá
que te ayude, eso es cierto.
¡Y a echarle paciencia! ¡O no!

Y, lo tercero: a la entrada;
irte a la entrada automática.

Fíjate bien cómo se hace,
que, el billete, al meterlo,
ha de ir en su posición,
pues, si no, te lo rechaza
¡y punto!, y tú, a intentarlo
metiéndolo de otra forma...,
con la cara para arriba...,
con la cara para abajo...,
las letras hacia la izquierda...,
o a la derecha...: ¡un follón...!,

¡y la gente apretándote...!

¡Por Dios, qué apuros, por Dios!

¿Y cómo se va a Rubí,
si yo allí no he ido nunca?:

pues, ¡hala!, otra preguntita
a alguien que te parezca
que pueda echarte un capote.

Y no des con un guasón
que te mande ¡al quinto coño!;
que de todo hay en la vida;
en Cataluña también.

Y si, ¡por fin!, al andén
llegas, pues ahora, ¡lo mismo!:

a ver si en la vía correcta...,
si en la justa dirección...,

leyéndote ávidamente
un indicador con claves,
-indicador electrónico,
y en Catalán, ¡claro!, ¡claro!-,
para ver de no liarte
y hacer la correcta opción…

Y para asegurarte,
¡pues eso!, a alguien:

"Perdone:
¿sabe si éste va a Rubí?".

"¡No, no!, para ir a Rubí,
primero coja usted éste
y bájese en Sant Cugat,
y allí coja uno que luego
ha de pasar por Rubí".

"¡Muchas gracias!".

                Y, ¡hala!, y súbete.
Que vas en la dirección.

Y ahora, y ya en el vagón,
pendiente de un croquis que hay
en el techo, ¡no te pases!,
¡no te pases de estación!

     …

Pues llegué, ¡sí, sí!, a Rubí.

Con paciencia y con ayuda,
pero llegué, ¡sí!, llegué.

Era la primera vez,
pero llegué.

Porque yo
no soy ningún retrasado
mental, ni soy un inculto,
ni soy un tocapelotas:

soy, y era en ese momento,
simplemente y llanamente,
uno que tenía que ir
a un pueblo desconocido,
por deber, u obligación,
¡y era la primera vez!

Simplemente y llanamente.

Y lo lógico y lo propio
y lo humano y lo correcto,
que hubiera ido a la estación,
y a una persona entendida,
a un empleado, o empleada,
yo me hubiera dirigido
para ahorrarme tanta angustia
y tanta sofocación.

A un hombre, o a una mujer.

¡Que era la primera vez!

Que mañana tendré que ir,
supongamos, a León,
o a Salamanca, o a Murcia,
y me pasará lo mismo:
¡será la primera vez!

Y, de cien casos, ¡seguro!,
de cien personas, ¡¡¡seguro!!!,
que siempre habrán cuatro o cinco
que necesiten ayuda,
como en ese día yo.

Y esto ya es una tragedia,
pues siempre sufre el más débil.

Porque a pasos de gigante
vamos hacia lo que llamo:

¡¡la deshumanización!!

Que esto un sólo y triste ejemplo.

Porque ya no queda ¡¡¡nadie!!!,
ya no hay ¡¡¡ni un empleado!!!
que te oriente y que te ayude.

¡¡¡Y que te venda el billete!!!

Un empleado, un obrero
de carne y huesos, un hombre
o una mujer, ¡un ser vivo!,
al que puedas dirigirte.

Hoy día, esa ¡mala bestia!,
la deshumanización,
ya, ¡de todo! apoderándose.
Que es la insolidaridad.

Que a los jóvenes les venden
como "la autosuficiencia".

Pero que ya, ¡ya verán!

Crear un entorno apático
de indicadores numéricos
y de pautas sistemáticas,
¡¡y ni un solo ser humano…!!

Que cada cual despabile
como pueda, ¡y arreando…!

Y esto ya, ¡en todas partes...!
Que hoy hablo de la estación,
pero esto, ya, ¡en todas partes!,
insisto, ya, ¡en todas partes!

Porque si hoy me he entretenido
relatando esta anécdota
y haciendo esta reflexión,
ha sido porque al volver
de ese dichoso Rubí,
al volver, al regresar,
ya en mi puesto de trabajo,
-funcionario-, una señora
que nos llama por teléfono,
y me la pasan, pues tiene
un problema:
               "Oiga..., señor...,
es que quiero registrar
un contrato de trabajo...,
y hemos ido a esa Oficina,
y nos han dicho que ya
no se registran como antes...,
que ahora ya es por la Internet...,
y que me lo haga yo misma...,
y, mire usted, es que yo,
soy la mujer de un autónomo,
que le ayudo a mi marido
como puedo, al papeleo,
para ahorrarnos un gestor...,
y, ¡a ver!, ¿cómo hago yo esto...,
si yo ni sé de Internet,
si yo no sé de informática...,
ni yo tengo ordenador...,
si yo lo único que quiero
es registrarle un contrato
a un simple trabajador
que ha contratado mi esposo...?,

¿por qué la Administración
no me lo registra ahora,
como antes me lo hacían...?,
¿por qué lo complican tanto...?".

Sólo he podido decirle:
"Señora, ¡tiene razón!".

Y ofrecerme a ayudarle
en lo que pueda, o podamos,
pero que así es como es.

Así de absurdo y de trágico.

¡¡Y de injusto!!

¡¡Y de cobarde!!

Y le he contado mi anécdota
de esta misma mañana
a esa buena señora.

                ...

¡Pues esto es lo que hay!

Y aquél que no quiera verlo,
encárguese ya el bastón.

Masuriel

54

> " 'Operación Genil'.
> **Fraude en Andalucía por el cobro ilegal de subsidios por desempleo.**
>
> *Un total de 77 personas han sido detenidas en Granada en la segunda fase de la denominada "Operación Genil" contra el fraude a la Seguridad Social y el Instituto Nacional de Empleo (INEM), con lo que el número de arrestados asciende a 179.*
>
> *LD (EFE) Los detenidos podrían haber defraudado más de 365.000 euros al obtener de forma irregular prestaciones o subsidios por desempleo, ya que figuraban como trabajadores en empresas "con escasa o nula actividad laboral", según ha informado la Policía Nacional. Durante la primera fase de esta operación, desarrollada en Granada en diciembre de 2008, ya fueron detenidas 102 personas, entre ellas cuatro empresarios, por un fraude a la Tesorería de la Seguridad superior a los 4,2 millones de euros…".*
>
> **(Libertad Digital, jueves 12 de Marzo de 2009)**

TRINQUETEO EN MI ANDALUCÍA.

¡Ay, qué pena!, ¡¡pobrecillos…!!

¿Pues no que han pillao a ¡una pila!
de hombres y de mujeres
echando el paro, ¡y cobrándolo!,
¡a una pila…!?

      Y, total,
porque han hecho un fraudecillo
con contratos de trabajo
falsos, es decir, fingidos…

¡Qué pena, por Dios!, me da.

¡¡Leche!!, que son mis paisanos…,
¿qué quieren que yo les diga ?:
¡mis paisanos!, ¡¡de mi sangre!!,
¡¡¡gentes de mi Andalucía…!!!,
y esto afecta a mi moral.

Pues los han pillao, ¡sí, sí!,
con las manos en la masa,
como diría el Arguiñano.
La prensa, hoy lo traía
en página principal.

Sí, la **"Operación Genil"**,
que la llaman los que la hacen,
la Policía Nacional
y todos esos ¡histéricos!
que ¡siempre! detrás de ¡pobres!
que se ponen a robar,
pues ¡qué remedio, los pobres!

Pues en esta operación
que hoy describe, -¡¡y cómo no!!-,
el "Libertad Digital",
ya van cerca de doscientos,
los detenidos por fraude.

Unos, por ser empresarios
mercadeando con contratos
hueros o falsos total,
y cobrándolos, y otros
por ser los que luego iban
al Inem a tramitar,
y a apalancarse una nómina
por el supuesto trabajo
que habían hecho… virtual.

Casi ¡¡cuatrocientos mil!!
dicen que trincado habían,
en el Inem. O algo más.
De parados tramitantes.

Los otros, los empresarios,
los que hacían los contratos
muy decentemente en fraude
y a ellos se los vendían,
ésos, de euros, según dicen,
¡¡cuatro coma dos millones!!,
los que le habían "facturado"
ya a la Tesorería
de manera puntual.

¡Hombre…, es un pico…!, ¡pero hombre…!,
¡pues tampoco es para tanto!:

¡más roban en la Argentina!,
y ahí ¡tan ricamente! están
todo el día bailando tangos
dentro de su corralito…,

¡caray!, que ¡qué pusilánimes!
aquí poniéndonos ya
en esta España ¡¡ridícula!!,
¡joder!, que ¡qué pusilánimes…!

Que, a los pobres, ¡ni trincar!
se nos deja ya a gustito.

Ya ves, cuenta la noticia
que se hacían contratos falsos
¡hasta a parias que ganándose
la vida en los mercadillos
vendiendo cosas y eso…!,
¡y hasta a ésos han pillado!

Y, total, pues lo que digo:

¡vale!, ¡¡trincando!!, ¡¡pispando!!,
así estaban todos ésos,
los empresarios ¡¡muchísimos!!
y los obreros ¡¡muchísimos!!:
¡vaciando las arcas públicas!,
-o contribuyendo a ello-,

pero, ¡hombre!, hay que mirar
con un poco de correa…,
¡¡sí!!, señores policías…
que los tiempos, hoy, ¡¡muy malos…!!

Y ¡todos ésos! lo hacían
-obreros y empresarios-
con la resuelta conciencia
de devolverlo algún día…,
cuando no en apuros ya…

Y que eso dinero público
no lo iban a olvidar.

Que era dinero de todos
¡no lo iban a olvidar…!

Pero, ¡nada!, esa dichosa
gentuza -los funcionarios,
los de la Tesorería
de Granada, ésos, por cierto-,
esos gentuzos perversos,
¡¡a no dejarlos vivir
a los pobrecillos, hombre…!!,
¡¡a no dejarlos trincar…!!

Que hay que tener ¡¡mala leche!!,
y hay que tener ¡¡mala baba!!

Pero, bueno; pero, en fin;
así está la cosa hoy día
en esta asquerosa España.

Con tanta investigación,
y tanta indagación,
y tanta comprobación…,
ya, aquí, ¡vamos!, ¡¡ni robar!!
va a poder uno, ¡¡caramba!!,
ya, ¡¡ni robar!! como en Suiza.

Bueno, ¡robar, no!, ya he dicho:
tomar por adelantado
una humilde prestación
de desempleo del Inem,
por pura necesidad.

De eso que es, al fin y al cabo,
lo único que va a quedar
en el llegado futuro
para todos los obreros:
del Inem, esa paguita.

O sea, que esos ¡¡pobres hombres!!
y que esas ¡¡pobres mujeres!!,
digo, de mi Andalucía,
lo único malo que han hecho
es eso: coger lo suyo.

Aunque por adelantado,
que no lo voy a negar,
pero eso: ¡coger lo suyo!,
lo que en su derecho están.

Por esto digo al principio
que esto es una marranada
y esto es una tropelía
y esto es un acto vandálico
contra unas criaturitas
que actuando sin maldad.

Pero, bueno; es lo que hay
en esta España ridícula.

Y ahora, ya digo, en mi tierra,
en mi Andalucía querida,
que es lo que a mí más me duele.

Pero, en fin: ¡así es la vida!:
los pobres, ¡¡a jorobarnos!!

¡Sí, sí!, empresarios y obreros,
¡ahora!, ¡¡a jorobarnos!!

U otra vez a emigrar.

Masuriel

Mi gran amigo y compañero en la entonces Vicesecretaría de Ordenación Social, Modesto Carrión, ¡¡¡simpatiquísimo él!!!, cantaba mucho esta cancioncilla, a tiempo de vals popular:

Catalina fue de caza
con su novio Amador;
a la entrada de un barranco,
Catalina se cayó.

¡No te muevas, Catalina!,
¡te lo pido por favor!,

que he visto una madriguera
y un conejo dentro:
¡¡viá echarle el hurón!!

Pues a Modesto, con todo afecto, hoy se lo dedico.
Que él sería, imaginariamente, el interlocutor
a quien le confesara entonces sus ilusiones el protagonista del siguiente episodio.

¡Y que no era yo!, quede claro.

TROFEO DE CAZA.

Se lo decía rebosante
de ilusión, esto, a su amigo:

"Mira, Modesto: este sábado
nos vamos a ir de caza;
de caza, yo y mi mujer,
yo y mi mujer este sábado.

Voy a ver si la aficiono,
eso: a la caza mayor,
que es tan, ¡tan interesante!:

jabalíes, ciervos, corzos,
linces, osos pardos, lobos,
cabras monteses, venados…

Voy a ver si la aficiono,
y, así, se viene conmigo,
y nos lo pasamos bárbaro".

¡Y dicho y hecho!, ¡así fue!

Se llevó a su guapa esposa
con él, como planeado.

Y, antes de seguir, decirlo:
la mujer de Telesforo,
el muy grande aficionado
a la caza, su mujer,
estaba, como se dice:

¡¡para comérsela viva!!,
¡¡qué rica estaba!!, ¡¡qué hermosa!!

Telesforo, pues, se lleva
de caza a su ¡¡¡bombonazo!!!

Y en cuanto llegan los otros,
-los otros seis compañeros
de partida-, pues, al verlo,
-al verla-, todos volviéndose
locos por decirle halagos,
adularla y piropearla...

Que ¡no veas!, los cazadores,
¡la escopeta siempre a mano!

Telesforo, por allí
organizando y marcando
los puestos que ocuparían
cada uno en la batida,

y los demás dedicándose
a olisquear a su mujer.

Que tampoco le hacía ascos,
la verdad, pues ¡muy justita!
de marido, o sea, de rabo,
parecía andar: ¡¡muy justita!!

Y, ¡claro!, el buen tiempo..., el campo...,
el aire puro..., ¡la edad...!,

¡todo!, allí, contribuyendo
a crear un clima erótico,
del que únicamente ausente
el esposo amante y plácido.

Pues, ¡total!, que ella dejándose,
y va el primero, y la lleva
detrás de unos matorrales,

como a enseñarle una cosa…,

¡¡y un polvo bueno que se echan!!

Y vuelven, disimulando.

Y, el segundo, que la coge,
y también, como enseñándole
pues a buscar madrigueras…,
¡e igual!: allí, en un recodo,
se amagan…, ¡¡y otro polvazo!!

Y vuelven igual, ¡lo mismo!

Y, el tercero, otra añagaza
para apartarla del grupo
mientras el marido intrépido
en organizar volcado,

y, los dos, tras de unos juncos
que había allí a no muchos metros…,
¡¡otro revolcón selvático!!

Y así, uno tras de otro:
el cuarto…, el quinto…, el sexto…

Y ella, bueno: ¡¡¡contentísima!!!:
¡¡volvería!!, ¡¡volvería!!,
la caza era algo ¡fantástico!

Y, en fin; pues que todo en orden.

Pues, ¡¡hala!!, ¡¡venga!!, a su puesto
cada cual, y ¡¡preparados!!,
y a esperar a alguna víctima.

¡Todos!, un cartucho menos,
por cierto, ya se me entiende.

Bueno, menos Telesforo;
que él, la su escopeta, ¡intacta!
y, de cartuchos, plagado.

Y, ¡claro!, pues él le dio
certeramente a la pieza
en cuanto asomó el hocico,
¡pobre animal!: ¡¡¡fulminado!!!

¡Claro!, y para él el trofeo,
¡claro!, ¡sí, sí!, para él.
¡Todos! acordaron dárselo.

Porque él se lo merecía.
Por su buena puntería.

Y él se lo llevó a su casa,
y aún lo luce él en su casa
con orgullo renovado.

Y en eso está Telesforo.

Desde aquel día, Telesforo,
él, de lo que más presume:
¡de sus cuernos de venado!

¡Ah!, y su esposa lo acompaña
cada vez que va a cazar:
¡¡¡otro objetivo alcanzado!!!

Masuriel

¡Y vuelta de nuevo! con las historias reales,
verídicas y verdaderas.
Por mi trabajo, ya lo he dicho tantas veces, yo tengo tantos
contactos por ahí...

Ésta me la contó un hombre serio en donde los hubiera,
mi buen amigo Miguel Moreno. Quien, por cierto, falleció a
temprana edad,
después de lo que tanto luchó en esta vida.

UNA DE POLICÍAS.

Tomándose un cafelito,
tan ricamente, los dos.
Dos Policías Nacionales.
Una mañana de sábado.
En el Café Bar "La Granja",
Carretera Barcelona-
Sabadell, junto a "Star-3",
una autoescuela coqueta
que montaran dos parados,
allá en los años Ochenta,
y,¡milagro!, que aún se aguante,
con lo que hay, de competencia.

De pronto, suena "el chivato":

" ¡Atracando en una tienda
en este preciso instante,
en el Paseo de Espronceda…!".

Un paseo que está a dos pasos
de donde el bar que ya he dicho.

- ¡Bueno está hoy el cafelito!,
    ¿verdad, Juan?, más que otros días.

- ¡Buenísimo, Policarpo!;
    voy a pedir enseguida
    otros dos más, no se vayan
    a terminar:

    ¡¡Eh…, Matías!!,
    ¡ponnos otros dos cafés,
    con la leche calentita,
    que se vayan enfriando.
    Total, no tenemos prisa….

"Están robando una tienda
-vuelve a decir 'el chivato'-
en el Paseo de Espronceda.
¡Acérquese, de inmediato,
la patrulla que más cerca!".

- ¡Ah!, por cierto, Policarpo,
  ¿cómo te va la guitarra
  que te compraste en el Lídel...?.

  ¿Ya has encontrado academia
  para aprender a tocarla...?
  ¡Anda, que a mí no me pirra
  lo del 'Noches de Granada'...!

Los dos Policías, charlando
como si nada pasara.

Bueno, sí, se dieron cuenta
de la expresión de mi cara,
y de la de mi colega,
y de las de los demás.

Y uno de ellos, por sacarnos
de nuestra perplejidad,
nos dijo:

      "Miren, señores...,
a ustedes puede extrañarles
que, al escuchar 'el chivato',
éste y yo no hayamos ¡¡ya!!
salido ¡¡cagando leches!!
a donde están atracando.

Eso sería lo lógico.
Y ustedes deben pensar
que somos un par de vagos

que no queremos currar,
pero, ¡por favor!, entiéndannos:
somos, sólo y nada más,
dos hombres desmotivados.

Si nos plantamos allí
y topamos con los cacos,
hasta nos podrían matar.
Y éste y yo tenemos hijos...

Si pudiéramos, siquiera,
enfrentarnos a esos cafres
siquiera con las pistolas,
y tratar de acojonarlos...,

pero, ¡en serio!, no hay manera
de poner orden en nada,
si atados de pies y manos.

¿Qué vamos: a que nos maten...?

Ellos no tienen problema
con liarse a pegar tiros;
a nosotros, y a cualquiera.

Pero aquí, yo y mi colega,
¡ojo! con si, a alguno de ellos,
un simple y mero arañazo.

¡Y como les insultemos...!

Nos caería un paquete,
¡seguro!, disciplinario
por, inoportunamente,
haber entrado en escena,
y haberles puesto nerviosos,
provocando sus disparos:
¿nosotros...?, al trullo, ¡¡ya!!

Y si por casualidad,
por potra, por suerte o chamba,
los detuviéramos presos,
el Juez de Primera Instancia,
al mediodía, liberados.

Y, nosotros, la jindama
de que fuesen a encontrarnos
y a calentarnos la jeta.

Créannos, no hay solución
-siguió hablando- más correcta
que darles tiempo a que acaben
de robar en esa tienda,
y, luego, nosotros dos,
a hacer el parte oportuno
para que a los atracados
les indemnice el seguro.

Compréndannos, de verdad;
no podemos hacer más.

En fin; van veinte minutos...,
¡¡al tajo, tú!!, ¡¡venga!!, ¡¡vámonos!!

¡Muy buenos días, señores!".

. . .

Se nos podía pinchar
y, de sangre, ¡ni una gota!

El silencio, de cortar.
Las opiniones guardamos
que tuviera cada cual;
que hay situaciones en donde
lo más prudente es callar.

Y aunque de esto varios años,
aún lo relato con pena,
con sensación de amargura;
casi con vergüenza ajena.

Y es que he conocido a gente
del Cuerpo, ¡¡tan abnegados!!,
¡¡tan orgullosos del traje!!,
¡¡tan calados del honor
de ejercer de autoridad...!!,
tan convencidos de la honra
que es perseguir el delito...

Aquellos dos Policías
de modales cuestionados,
eran, ¡¡en todo!!, la antítesis,

pero, ¿echarles a los perros...?,
¿escupirles...?, ¿denunciarlos...?:

¡no!, más bien compadecerlos,
porque este Sistema infame,
para cubrirse en las formas,
a veces, pone por ahí
a pobres hombres, que, apenas,
ganarse saben la vida,
aunque sea para ir tirando.

Y, ¡seguro!, aquellos dos,
un par de pobres de ésos.

Y progresistas, ¡seguro!

Y del "Barsa", ¿¡cómo no!?

O del Madrid, también puede.

Ya no se sigue cribando.

Y ellos, pues eso, dos perlas.
Dos perlas, que se enrolaron
pensando en una bicoca,
y una gran mierda en la boca
en aquel día se encontraron.

...

"Bueno, al menos, olvidados.

Nunca volvimos a verlos.

Se cambiarían de bar.

¡Y a saber dónde andarán!

Seguro que han ascendido,
o los han condecorado ".

Concluyó quien me contó
este culebrón verídico,
mi amigo Miguel Moreno,
un hombre honesto y bueno.

Y que hoy he puesto en su honor
y su recuerdo, en versos.

Con mi amor y mi recuerdo
y un entrañable abrazo.

Masuriel

57

"Granollers y Vic apuestan por una bici pública que evita el modelo barcelonés.

A diferencia del Bicing, ambas ciudades utilizan modelos fabricados en Cataluña que son más pesados y anti robo.

Alberto Doménech | Barcelona | 10/03/2010

El próximo 15 de abril Vic se convertirá en otra de las ciudades catalanas que estrenará un sistema de bicicleta ciudadano público. El nombre ya está escogido, pero no se hará oficial hasta que tenga lugar la inauguración oficial. Las bicicletas siguen el modelo que ya se puso en marcha en Granollers el pasado 2009. Es un modelo sostenible fletado por la empresa de Rubí, Modular, que pone el acento en conseguir un tipo de bicicleta que se adapte al mobiliario urbano de la ciudad y que está diseñado para que aguante mucho más en la calle…

La bicicleta pesa unos 25 quilos…

Según la empresa que ha fabricado las bicicletas…, la clave de la disminución de robos está en las características del propio modelo…
… es muy difícil que puedan robar bicicletas que pesen 25 quilos, igual que es muy difícil que la gente se divierta con ellas subiendo o bajando obstáculos…

("La Vanguardia", 10/03/2010)

VEINTICINCO KILOS, ¡¡MÍNIMO!!

¡¡Caray!!, pues ésa es la clave,
¡¡leche!!, pues no había caído
yo, que tan listo me creo.

Y una empresa de Rubí,
la que poniendo el acento
en trazar y construir
un vehículo aparente,
ecológico y austero
que aguante bien en la calle:
¡una bici, sí, una bici!

Que como aquí el ladroneo
ya no respeta aquí a nadie,
y ya, la que no robada,
pues acababa hecha cisco,
pues eso, aquí, la respuesta,
esta bici no automática,
sin duda, un acierto pleno.

Ya contaban con los datos
de otros países amigos,
como Francia, por ejemplo,
y ya se sabía que allí
ya son más de ¡setecientas!
las bicis que "se han perdido",
y, por lo tanto, a eso, aquí,
había que darle un remedio.

Y se le ha dado, ¡sí, sí!

Y una empresa de Rubí,
ya lo he dicho: ¡catalana!

Que la cosa iba de lógica.

Si una bici, más o menos
está en los nueve-diez kilos,
las que bicis ordinarias,
no las de competición
o deporte, pues que ésas
un treinta por ciento menos,

pues, insisto, era de lógica
que con las bicis urbanas,
ésas del servicio público
por contrato y todo eso,

para que no se las lleven
-manguen- los desaprensivos,
había que añadirle obstáculos.

Y para que no las manguen,
pues la solución, la lógica:
¡que pesen mucho!, ¡¡muchísimo!!
Para disuadir a obsesos.

Lo mínimo, ¡¡veinticinco!!,
tres veces más que las clásicas.
Para arriba, los que quieran;
lo mínimo, ¡¡veinticinco!!

¿¡Y a ver quién tiene cojones
a llevársela a su casa
por la escalera, a cuestas,
si vive a más de un primero!?,

¿¡o a ver quién tiene cojones
a llevarla diez minutos
calle Tibidabo arriba!?,

¿¡o a ver quién tiene cojones
a tirarse con la bici
calle Tibidabo abajo!?

Y si alguien tiene cojones,
en lugar de veinticinco
se fabrican con cuarenta.

¡O sesenta!

¡¡O setecientos!!

¡¡Pero aquí no se las llevan!!

Aquí como en Francia, ¡¡no!!

¡Empecemos a ser serios!

Las bicis son un bien público
que no puede consentirse
que se llegue a malemplear.
Y a, ¡¡mucho menos!!, robar.

Por eso digo al principio
que me parece ¡¡estupendo!!
que se haya dado en el clavo
para evitar que se pispen
las bicis que de uso público.

Las otras..., pues es igual;
que romper la tradición,
igual sería poco serio.

Y esto que ahora ya está haciéndose
en la Cataluña auténtica
pues lo repito: ¡¡estupendo!!

Primero fue en Granollers...,
ahora seguirán en Vic...,
después Reus..., Igualada...,
luego en Sabadell..., Tarrasa...

Y, ¡anda!, que el gasto de hierro
que vamos a propiciar...,
con lo que supone eso
de empuje a la economía
y de apoyo a las empresas...

Las fundiciones históricas
van a tener curro ¡a tope!
haciendo cuadros de bicis,
manillares, radios, tijas,
cadenas, manetas, frenos...

Se reactivará un Sector
que, como todos, en horas
bajas, rayando en el cero.
Con lo que eso supone
en estos tiempos difíciles.

¡En fin!, ¡pues lo dicho, ea!:
que a apuntarse a un gimnasio
todo aquél que aspire a ser
usuario de bicis públicas,
-¡mira!, trabajo también
para los gimnasios, ¡mira!-,
pues lo va a necesitar.

¡Y tomándoselo en serio!

Que harán falta buenas piernas
para esa bici ecológica,
biológica y sociológica
que ¡ya mismo! la tendremos.

La de veinticinco ¡¡mínimo!!

Kilogramos. Más que menos.

Porque, eso: si queda corto,
se le añade más materia
para que aumente su peso.

Y si hay que hacerlas de plomo,
pues se hacen de plomo, ¡¡¡y punto!!!,
¡¡pero ésas no se la llevan!!:
¡lo siento por los rateros!

¡Bienvenidas, bicicletas!

Las de veinticinco, ¡¡mínimo!!

Que ahora, aquí, vais a durar
¡más que el Justo Molinero!

Masuriel

"Análisis del secuestro del Alakrana.
Cronología de una nefasta gestión.

Angustia y desesperación. Durante 47 días las familias y los
tripulantes del pesquero español Alakrana han sufrido la mala
gestión por parte del Gobierno de este asunto. Desatención,
descoordinación y un error judicial resumen un mes y medio
de incertidumbre.

Los 47 largos días de secuestro del pesquero español
Alakrana han finalizado este martes de forma feliz con la
liberación del atunero vasco y sus tripulantes. La duda sin
resolver es si el Ejecutivo ha cedido al chantaje de los piratas
y les ha pagado el rescate de 2,3 millones de euros…".

(Libertaddigital.com, 18.11.2009).

Y éste fue uno de mis comentarios que le escuché decir a mi
buen amigo Víctor Sastre,
cuando ocurrió lo que ocurrió.

A quien le dedico estos versos.

¡¡Y DALE...!!, CON EL "ALAKRANA".

Desde luego, ¡vaya rollo!,
con el dichoso "Alakrana",
¡¡vaya tostón!!, ¡¡vaya empacho!!

Y qué manera más vil
de manipular las cosas,
de ensuciarlas y emporcarlas.

Cada cual para llevárselas
a lo que a él le conviene,
y cada cual a sacarle
la punta que a él le hace falta.

Oposición y Gobierno,
Gobierno y Oposición.

Cada uno de los políticos.

Y jueces, y policías...

Los que viven del Sistema,
¡todos los de esta harca!

¡Vaya manipulación
de la realidad escueta,
simple, sencilla y pelada!,
y ¡qué manera más ruin
de jugar con los votantes!

¡¡¡Que son negritos, jolín!!!,
¡¡¡que son negritos, caramba!!!,
los que al fondo de todo esto,
¡¡caray!!, gentes "de color",
como los cursis los llaman...,

que son hombres africanos,
-que mujeres no hay ¡ni una!,
¡criaturitas!, son ¡tan majas…!-,
los que han hecho lo que han hecho,
o sea, capturar un barco
de ésos que van por ahí
por la que es la mar salada,

¡y ya está!, ¡y ya no hay más!,
¡por Dios!, no se hagan más cábalas.

Ésos han pillado un barco,
y después le han puesto un precio
al suelte de los pillados,
¡y ya está!, ¡y no hay más hostias!

De algo tienen que vivir,
¡¡que para eso son piratas!!

¿Y es que, acaso, el "Alakrana"
no iba allí a hincharse a pescar
por donde les convenía,
para forrarse vendiéndolo?:
¡pues ya está!: ellos, lo mismo.
Que aquí, ¡mariquita el último!

Los negritos, a robarles
un poquitín de la pasta
que habrían estado embolsándose.

Bueno, y de esto quedan dudas,
de que el pago lo haya hecho
el dueño del "Alakrana".

Se huele que eso ¡a escote!
entre los que allí no estábamos
ni allí pillábamos nada.

"¿Quince millones, decís…?,
¿estáis locos?: ¡eso es mucho…!:
os damos…, máximo…, dos".

"¿Eso nos dais…, esa caca…?:
¡doce!, y no bajamos ni uno".

"¡Venga!, tres…, y lo arreglamos".

"¡De eso nada!: ¡¡más, más, más…!!".

Pues esto es lo que yo creo,
o digo yo que pasaba,
y esto es, ¡¡exactamente!!,
lo que seguirá pasando
de ahora en adelante.

Y hoy con negros. Que, si fueran
amarillos o fulanos
de tez de color castaña,
pues lo mismo de lo mismo:
¡los piratas son piratas!

Y lo suyo es el robar
por la fuerza. Y ¡basta ya!
-insisto- de darle vueltas
a esta situación estúpida,
y de dar explicaciones
perversas e interesadas:
¡la verdad es sólo ésa!

Y aquí no ha habido otra cosa
que es que un barco en unas aguas
peligrosas, presumiendo
de que con una bandera
muy guay y muy coquetona
-la "Ikurriña"-, pues a ellos

no iban a meterles mano,
ni iban a hacerles nada…,
¡¡y les metieron, sí, sí!!,

los trincaron los piratas,
y, "¡¡a pagar, o vais al hoyo!!"

Y se ha pagado, y no hay más.

Lo que han dicho. ¡¡Y punto en boca!!

Y ahora, a esperar al siguiente.

Que lo habrá, eso es seguro.

Y se subirá la tasa.

Pues no le demos más vueltas,
no se las demos la gente
normal, sencilla y pragmática,
los de la calle, los simples,
los ciudadanos de a pata.

Las vueltas, que sigan dándoselas
los que viven de este cuento,
y que no ponen ¡ni un duro!
para aguantar esta farsa.

Las vueltas, que sigan dándoselas
los jueces y los políticos.

Y que sigan pregonando
que contra ¡cuatro maleantes!,
¡¡cuatro negrazos maleantes!!,
hoy no se puede hacer nada:
ni arrasarles sus chavolas,
ni ametrallarles sus barcas,

ni bombardearles sus puertos…,
ni ahorcarlos de uno en uno…

Que lo sigan pregonando.

Y ellos sigan aireando
que ¡¡nada!! vamos a hacerles
a los brutos que nos roben
porque somos de la "alianza
de las civilizaciones" mítica,
y, ¡claro!, muy respetuosos
con los derechos humanos
y las derechas humanas.

Y, los negros, no se corten,
y los que sean, no se corten:
a seguirnos abordándonos
y pidiéndonos la pasta
a los de la España ésta
llorones como nenazas.

Ellos, a seguir robándonos.

Negritos, o lo que sean.

¡Pagaremos!, ¡pagaremos!

Ahora, que yo se les sugiero…

A ustedes, sí, sí, señores,
a los piratas, sí, sí…,
yo les sugiero a ustedes
con todo respeto y calma:

acérquense a uno que pone
"Bribón", y métanle mano.

Uno con muy buena cara,
que siempre con mucha gente
bien feúcha, ¡¡pero mucha!!,
¡que todos muy buena hucha.!:

Váyanse a ése, y secuéstrenlo.

Y pidan, ¡pidan por él!

Con ése van a tener
la vejez asegurada.

Masuriel

"La homosexualidad es por comer pollo, según Evo Morales.

El presidente de Bolivia, Evo Morales, pronunció un discurso en la I Conferencia Mundial de Pueblos sobre el Cambio Climático y la Madre Tierra, un encuentro alternativo promovido por el país andino, en el que hizo una defensa cerrada del ecologismo, hasta el punto en que planteó la disyuntiva entre la muerte del capitalismo o de la 'Madre Tierra'.

El presidente boliviano afirmó en su ponencia que la existencia de la calvicie en Europa y de la homosexualidad en todo el mundo es fruto de la ingesta de alimentos modificados genéticamente.

'La humanidad está ante la disyuntiva de continuar por el camino del capitalismo y la muerte o emprender el camino de la armonía con la naturaleza y el respeto a la vida para salvar a la humanidad', afirmó Morales, que resumió la actual situación en la elección excluyente entre 'Pachamama' (término indígena boliviano utilizado par designar el concepto de Madre Tierra) o 'muerte'. 'Muere el capitalismo o muere la Madre Tierra', sentenció el mandatario boliviano.

... 'La calvicie que parece normal es una enfermedad en Europa, casi todos son calvos, y esto es por las cosas que comen...'.

... 'Los hombres cuando comen pollo tienen desviaciones en su ser como hombres...'.".

(Intereconomía.com, 21/04/2010)

Y ¡¡MUCHO CUIDADO!! CON EL POLLO.

¡Hombre, claro!, ¡está clarísimo!:
¿comes pollo?: ¡¡maricón!!

¡¡Maricón!! grande y rotundo
por comer pollo: ¡¡total!!,
¡¡maricón en absoluto!!,
¡¡maricón sin remisión!!

Lo ha dicho el Evo Morales,
y ése sabe lo que dice,
tiene ¡¡toda!! la razón.

Un pensamiento profundo,
propio de Gandhi, Pascal,
El Farruquito, "Adenauer…",

¡pero, no!: lo ha dicho él,
¡el solito, sí!, el Morales,
el genial Evo Morales,
¡él solito…!, ¡y sin guión!

Para que luego algún chungo
se ponga a soltar por ahí
que el Evo es un pincharrábanos,
y que el Evo es un simplón
y un torpón y un jalapíldoras,
para que vaya diciéndolo:

Evo Morales, ¡un genio!,
Evo Morales, ¡un místico!,
¡un filósofo profundo!,
y un as de la previsión
y de adelanto a su tiempo.

¡Ah!, y calvo también: ¡y calvo!

Además de maricón.

¿Que comes pollo?: ¡pues calvo!
¡La pila! que hay en el Mundo
-civilizado- de calvos
por comer lo que se comen:
¡¡¡pollo!!!, que ¡vaya mojón!

¡Ah!, y por beber "Coca-cola",
que eso es ya ¡¡total!!, ¡¡lo máximo!!

Y, sobre todo, en Europa,
que ya es lo más de lo más,
y aquí está la explicación
de que aquí ¡tanto! tarado:
¡¡¡el pollo!!!, esa ave infecta
que nos va a llevar al hoyo.
Y, si no, ¡al tiempo!, si no.

El pronóstico que ha hecho
este prohombre y científico
no admite contestación:

¡¡¡el pollo!!!, todo esto, ¡¡¡el pollo!!!,
esto, sobre todo, ¡¡¡el pollo!!!

El culpable de la ruina
que se cierne sobre Europa,
y nuestra generación.

Y sobre España, ¡está claro!
Que en este aspecto en concreto,
España no es la excepción.

En España, también ¡¡muchos!!
de lo uno y de lo otro;
más calvos que maricones,
pero eso: ¡¡muchos, muchos!!

¡Qué pena, Señor, qué pena!,
¡dónde nos está llevando
esta locura imparable
de la globalización!,
¡qué razón tiene el Morales!:
¡tanto pollo y tanta mierda...!

Nos va a llevar a la ruina
y al hundimiento inequívoco
de lo que lo más granado
de la civilización,
ya lo he dicho, ¡sí!, de Europa.

Y como yo soy muy serio
y siempre que hablo razono,
y ¡mucho más!, si escribiendo,
que yo ningún plumafloja
como lo es el Gallardón,
o el Odón, o la Chacón,

y como yo soy ¡¡muy serio!!,
y me gusta a mí apoyarme
en experiencias y ejemplos
cercanos e incontestables,
pues ahora pongo el idóneo
para aquesta situación:
el ejemplo matemático,
el caso del "Riqui Mártin".

Su reciente confesión
de que él es un "hombre gay",
que es ahora el eufemismo
para decir "maricón",

pues esa es la prueba clara
de que el Evo está en lo cierto,
de que eso es sobrevenido
por circunstancias foráneas.

Si el "Riqui", eso, quedádose
en el sitio en que nació,
¡si no venídose a Europa!,
¡si no venídose a España!,
ése seguiría machote
y pelándosela: ¡¡fijo!!

No me cabe duda, ¡no!,
¡¡seguro!!, ¡¡afirmativo!!
Ése estaría magreando
y piqueteando higos.

¡Si él tenía los que quería...!,
¡qué suerte tenía, el mamón...!,

¡se le tiraban encima
las tías..., para comérselo...!

Si guapo, alto, simpático,
buen piquito, no tacaño...,
sudando justo y lo mínimo...:

¡si se lo comían las tías...!

Pero, claro, llega a España,
-no sé cuántos llevará,
pero yo creo que ya ¡muchos!-,
pero, ¡claro!, llega a España...,
¡y se pone a comer pollo...!
-que se ve que le encantaba,
o, mejor dicho, le encanta-,
y, ¡¡claro!!, esa gallinácea
ha sido su perdición.

Día a día amanerándose...,
día a día desapegándose
de las chorbas de su coro...,

fijándose en el "paquete"
de los que a él acompañándolo…,
-sobre todo, el de un negrazo
que tocaba el saxofón-…,

¡total!: ¡¡maricón perdido!!

Y no le demos más vueltas,
que la única explicación:
¡el maldito pollo hispánico!

Criado en cautividad
en granjas manipuladas
con alimentos transgénicos…:
¡¡el maldito pollo hispánico!!

De la raza "Prat", ¡seguro!,
del que hay en Cataluña,
sobre todo, ¡de ése, de ése!,
ahí está ése, el culpable
de esta fatal situación
en la que está el "Riqui Mártin".

¡Y no hay que darle más vueltas!

Y, ¿calvo?: ¡ya mismo calvo!,
yo eso lo tengo clarísimo.

Por esto digo al principio
que el Evo Morales tiene
cuando dice lo que él dice,
¡¡toda, toda! la razón!!

Y yo creo que aún más claro
con el ejemplo que ahora
he sacado a colación,
el del pobre "Riqui Mártin".

Quien, por ¡la leche! del pollo
ha llegado a esta ruina.

Pero, en fin, así es la vida,
y tenemos que tomárnosla
con calma y resignación.

Y a mí…, porque ¡¡poco!! el pollo;
y desde ahora, aún menos.

Yo, el pollo, ya, ¡ni lo pruebo!
Yo soy un manchego auténtico
y, como tal, miradísimo.

Yo, a mi cine…, a mis películas…,

a cobrar mis subvenciones…,

a hacer manifestaciones
a favor del Zapatero…,

si se da un golpe de estado,
ése, a delatarlo yo…,

recoger "Goyas" auténticos…,

y los "Óscars" ya, ¡me chifan…!,

y achuchones del "Guayóming…",
y besos del Cadaval,
y, del Bosé, de tornillo…,

defender como un caudillo
las causas del Juez Garzón…

Ya lo digo: yo, a lo mío.

Pero, ¡eso sí!: buena nota
de lo que ahora ha dicho el Evo;
que, a lo mejor, aún me alivio.

¡Que ése sabe lo que dice!

Y lo del pollo que ha dicho,
lo del pollo, desde luego,
no admite discrepación.

Masuriel

Y con éste, un tema que puse en versos el 23 de Junio del 2010, ¡¡mucho antes!! de lo de los "indignados", no vayan a tomarme a mí por oportunista, y con éste, digo, llegamos al final de este improvisado paquete que he titulado:

"Librete de muestra. Anticipo de la Serie Reflexiones aforísticas y evomoralizantes".

Y después de todo lo un poco bueno y de todo lo un poco malo que espontáneamente he narrado, acabaré con una nota de ilusión; para que no se diga. Con una de las pocas ideas que aún mantengo en el umbral de la esperanza.
Que igual es que, en el fondo, uno es un iluso.
O un optimista patológico.

¡YA LLEGARÁ!

No, si tendrá que salir.
Por más piedras que le pongan,
por más pegas, más molestias,
más zancadillas, más trabas,
más barreras, más obstáculos…,
por más palos en las ruedas…,
¡ése tendrá que salir!

Un partido, sí, ¡un partido!
Otro partido político,
que ahí puede que esté lo malo.
Para que luego no digan.

Pero tendrá que salir;
ya, ¡inevitable!, ¡imparable!;
otro partido político,
¡otro!, tendrá que salir:

"El de los desencantados".

El que recoja los votos
propios de la decepción,
la rabia, el hastío, la angustia,
la amargura, la tristeza,
el despecho, ¡el desencanto…!,
¡ése tendrá que salir!

Como está brotando ya
en otros países próximos.

Y aquí, tendrá que salir.
Por más que se empeñen ¡¡todos!!
en irlo torpedeando;
¡¡todos!! los que ahora existentes,
y cortando el bacalao.

De izquierdas, derechas, centro,
diagonal y no ubicados.
Creyentes y no creyentes.

¡¡Todos!! los que -¡¡en eso sí!!-
al cien por ciento de acuerdo.

O sea, en impedir
que aquí se abra camino
ese partido que yo,
por llamarle un algo, digo:

"El de los desencantados".

Y es que ¡¡ya está bien de guasa!!
y de sucio compadreo
entre esta clase política
cuyo único objetivo
-al cien por ciento de acuerdo,
repito- es el de abortar
al partido que pudiera
hundirlos y arruinarlos.
Que eso es lo que ésos se temen.

Ésos son los que lo impiden
que salga. ¡Y todos de acuerdo!

Hasta hoy. Los que hoy viven
de engañar y engatusar
a los del estrato bajo,
a los pobres que muy pobres;
de los ricos, ni se ocupan.
¡A los pobres, sí, a los pobres!

Los pobres en bienes físicos
y pobres de entendederas.

A los que van de infelices,
de humildes, de obedientes,
de mansos y de aplicados;
o sea, a las buenas personas.

¡A ésos!, los que esa clase
política hoy existente
se ceba en esclavizarlos,
ésos que sobre su espalda
llevan todo el peso ¡¡¡inmenso!!!
de este oneroso tinglado,

el del latrocinio múltiple
y el mangoneo sistemático.

Pues para esos pobres tontos,
-o para estos pobres tontos,
pues yo me meto en el fardo-,
tendrá que surgir ¡cuanto antes!
alguien que los represente
y les brinde otra opción
distinta a seguir tragando.

Y alguien a quien ¡¡se la sude!!
-¡con perdón!- que lo encasillen
como "radical", "xenófobo",
"borde", "duro", "intransigente",
"inhóspito", "atravesado…",
o como "extremista múltiple",
o como "ultra de ultras…".

¡Para ésos ha de salir!,
ésos, quienes esperándolo.

Desilusionados, tristes,
deprimidos, compungidos,
hastiados, desencantados…

Para ésos ha de salir;
aquí, igual que en otras partes;
para ésos ha de salir.

Y ha de salir un partido
con, al frente, un capitán
que se atreva a plantar cara
a ¡tantos! apoltronados
que hoy ostentan el poder
y no lo sueltan ¡¡ni a tiros!!,

que a vivir acostumbrados
sin almas y sin conciencias
¡¡e hinchándose de robar!!,
que esto lo tienen ¡¡¡clarísimo!!!:
¡¡¡robar, robar y robar!!!

Copiosa y ansiosamente.

Ellos lo tienen ¡¡¡clarísimo!!!

Y, ¡¡no!!, no van a dejar
fácilmente el comedero.

Que por eso este embeleco,
esto de "la democracia"
que venden, o que pretenden,
vender, ¡¡qué liantes!!, ¡¡qué cínicos!!,
¡¡qué hipócritas!! y ¡¡qué falsos!!

Decir, como ¡hasta lo dicen!,
que aquí "el Pueblo es el que manda...",
y que "los hombres iguales...",
-las mujeres, casi idénticas-,
y "todos las mismas reglas",
y "las oportunidades
de ser felices, las mismas
en este Mundo ordenado...".

Que hay que ser ¡¡¡malas personas!!!
para decir algo así,
esa sarta de ¡¡mentiras!!

¡Pero lo dicen!, ¡las dicen!

Y no se les cae la cara
de vergüenza, no: ¡las dicen!

Y muchos aún, escuchándolos.

Por esto empiezo diciendo
que esto tendrá que explotar
por algún sitio, algún día.
Y un día no muy lejano.

Porque cada día a más
los hastiados de todo esto.
O sea, los desencantados.

Somos cada día más.

Y algún día saldrá un hombre,
o saldrá una mujer,
-también creo en los milagros-,
que funden lo que antes digo,
un "partido" diferente,
el refugio en un extremo
al que nos podamos ir,
siquiera, para hacer piña
y darnos moral y ánimos.

Pero, claro, para eso,
hace falta ese hombre,
o hace falta esa mujer,
honesto y buena persona
que con vestirse y comer

y curarse, y criar sus hijos,
y cantar con sus amigos,
y reírse con mis libros,
ya tenga lo suficiente;
que con vivir, ¡suficiente!

Que no esté ¡¡¡obsesionado!!!
con acaparar tesoros,
que ¡¡¡ni uno!!! se llevará
al otro mundo, ¡¡¡ni uno!!!

Una persona cabal,
considerada y decente.
Que ¡¡¡jamás!!! para los otros
quiera lo que no para él,
o para ella, es decir,
un ciudadano ¡¡¡honrado!!!

Èse es el que ha de venir,
ésa es la que ha de venir.

¡¡Y vendrá!!, yo no lo dudo,
¡¡ya vendrá!!, que somos muchos
los que estamos esperándolo,
y rezando por que llegue.

¡¡Y vendrá, sí, sí, vendrá!!,
esto ya es irreversible.

¡¡Tanto!! se ha degenerado
aquí la vida política…,
mejor dicho: ¡los políticos…!,
¡toda la casta política!
se han degenerado tanto…

¡con los Jueces por delante…!

¡¡con el Rey a la cabeza...!!,

¡se han degenerado tanto...!,

que esto tiene que estallar
de una manera o de otra,
¡esto tiene que estallar!

¡¡Que esto ya es un sinsentido!!,
¡¡que esto ya es no se sostiene!!,

¡¡que esto tiene que estallar!!

Que, si no es así, Marruecos
tendrá sus días contados.

Masuriel

FIN

Dedicado a los que nunca abandonaron mi casa, ni nunca se irán de mi corazón.